ぜんぶわかる

経営

実務

JN000224

税理士
著 松田篤史

成美堂出版

はじめに

経理とは「会社のお金を管理する」仕事

　世の中には経理に関する書籍が数多く存在しており、さまざまな切り口や難易度のものが出版されていますが、本書は次のような読者を想定して執筆しました。

- 経理で働くことを目標に簿記検定試験の3級や2級に合格したものの、経理実務の経験はまだないので、働く前に経理の現場で行われていることについてひと通り知っておきたい人
- すでに経理の仕事に携わっているものの、与えられた役割の範囲内のことしか理解できていないので、今後のステップアップも見据えて経理業務の全体像を実務対応できるレベルで理解しておきたい人
- 経理部門をマネジメントする立場になったので、実務レベルの知識を幅広くかつ多少深めに理解しておきたい人

　つまり、いわゆる経理入門書とは異なり、**実際に経理実務の現場で行われていることを専門用語も織り交ぜながら解説している**のが本書の内容になります。図解を用いてできるだけ読みやすさを重視してはいるものの、最低限の簿記の知識がないと理解するのが難しい部分もあるため、「簿記の知識がまったくない（「借方、貸方とは何？」というレベル）」と「会社で事務系の仕事をした経験がない（総務、人事など経理の類似業務に従事したことがない）」の両方に当てはまる人は、初心者向けの別の書籍を先に読まれるか、まずは簿記検定試験の3級合格を目指して行動されることをお勧めします。

　逆にいうと「簿記の知識（日商簿記3級程度）はある」あるいは「会社で事務系業務の経験がある」人であれば、本書を読み進めることで**経理実務の現場で通用する知識を身につけることができる**でしょう。

本書の構成は次のようになっています。

- 第1章では、経理実務の3つの分野について述べたのち、経理の現場で行われていることに関して「日々」「月々」「年」の単位でまとめています。
- 第2章では、経理実務の必須知識である簿記の話と、その簿記のルールに基づいて作成される会計帳簿と決算書のつながりや全体像について述べています。
- 第3章では、出納業務の基本となる現預金、小切手、手形の実務について述べています。またこの章では従業員の経費精算の実務や、会社が納める税金について、経理が日常的に使う消費税の知識を中心にまとめています。
- 第4章では、売掛金と買掛金の実務について消費税インボイス制度との関連も含めて説明しています。また金融機関からの借入金の処理方法、交際費や固定資産の経理実務についても述べたあとで、月次決算のコツについてまとめています。
- 第5章では、給与計算とその周辺業務（社会保険、労働保険、年末調整など）についてひとつの章を割いて説明しています。
- 第6章では、年次決算業務について作業の全体像から個々の決算処理の実例、決算書完成後の実務まで説明しています。
- 第7章では、電子帳簿保存法をはじめとした近年のデジタル化の流れや、経理が行う経営分析や予算策定の実務について説明しています。

「AI技術の進歩で経理の仕事はなくなる」という論調を目にしますが、経理実務の本質は、事務作業を行うことではなく「**会社のお金を管理する**」という点にあります。お金を稼ぐために会社が存在する限り、経理の仕事がなくなることはないと筆者は考えています。

　本書が経理実務に携わる皆様の一助になることを心より祈念しております。

税理士　松田篤史

経理業務の仕事内容

会社は、出資者（株主など）から提供されたお金で設立され、その提供されたお金を元手に商売を行い、お金を増やすことを目的としています。お金は会社にとって最も大切なものであり、そのお金をさまざまな側面から管理するのが経理の仕事です。

主な仕事内容

会計業務

商売活動を通して会社のお金は増減します。こうしたお金の動きを簿記のルールで帳簿へ記録し、それを決算書にまとめる仕事を会計業務といいます。

出納業務

商売活動の過程で会社はお金を払ったり受け取ったりしています。
こうした実際のお金のやり取りを行う仕事を出納業務といいます。

企画管理業務

今後のお金の使い方を計画したり、決算書から自社の課題を分析して経営者に助言したりする仕事を企画管理業務といいます。

経理業務の流れ

日々の仕事

経理の日々の仕事の中心は、実際に会社のお金をやりとりする出納業務と、その事実を会計帳簿へ記録する会計業務です。特に期日がある支払いには遅れないように注意が必要です。

月々の仕事

経理の月々の仕事で最も重要なものは、その月の業績を試算表などにまとめ、経営者へ報告する月次決算業務です。この他にも得意先に対する請求書の発行や給与計算を行ったりします。

年に1回の仕事

会社は1年間商売を行ったあとで法令に則った形式で決算書を作成することが義務付けられており、この決算書の作成は経理にとって1年で最も重要な仕事です。

経理業務に必要なスキル

経理＝事務仕事、というのは手書きで帳簿を作成していた頃の話です。ITを活用した業務フローを立案し、情報システム部門と協力して導入したり、新たな税制や会計基準に対応した内部統制の仕組みを構築したりと、現代の経理にはさまざまな役割が求められています。

簿記の知識

時代が移り変わっても、経理業務に簿記の知識が必要であることは変わりません。簿記は経理業務の共通言語であり、経理の仕事をしていると、さまざまな場面で簿記の知識を前提としたやりとりを行うことになります。

社内外の人たちとのコミュニケーション

経理業務は単独で完結しないことがほとんどです。資料の提出依頼などで他者とやりとりする機会が多くあるため、相手に協力してもらうためのコミュニケーションスキルがあるとよいでしょう。

法律の知識

会社のお金を管理する経理は、お金や商取引に関するさまざまな法律を守って業務を行う必要があります。税法などは頻繁に改正があるため、新しい法律を積極的に学ぶ姿勢が必要です。

数値理解力や分析力

計算が苦手でも経理の仕事はできます。実務では計算はソフトが行うからです。むしろ、計算結果の数値から会社の状況、処理の間違い、不正取引の可能性などを読み取る能力が求められます。

ITスキル

「会社のお金を管理する」という経理業務の本質はいつの時代も変わりませんが、管理手法にはその時代の最新のITが活用されてきました。今後もその傾向は変わらないため、ITを使いこなす能力が経理には必要です。

経理業務のスケジュール例

	4月	5月	6月
どの会社でも同じスケジュールの仕事	**30日までに** ● 固定資産税の納付（市区町村） **給与計算業務** ● 社会保険料の料率変更がある場合は給与計算ソフトへ新たな料率を設定する（翌月控除の会社の場合）	**31日までに** ● 自動車税の納付（都道府県）	**給与計算業務** ● 新たな住民税特別徴収税額を給与計算ソフトへ設定する ● （賞与を支給する場合）賞与支給日から5日以内に賞与支払届の提出（日本年金機構）
会社の事業年度に応じてスケジュールが決まる仕事 （事業年度が4月1日〜3月31日の会社を前提とした場合）	**決算業務** ● 決算書と税務申告書を作成する	**31日までに** ● 法人税、消費税などの確定申告書の提出＆納税（税務署、県税事務所、市役所） ※申告期限延長の申請をしている会社は6月30日までに提出（納税については見込額を5月中に納付しておく） **決算業務** ● 定時株主総会の対応	

下記の年間スケジュールの仕事以外にも、①支払条件の期日どおりに取引先へ支払う、②給与支給日に間に合うように給与明細を作成し振込む、③毎月10日までに源泉所得税及び特別徴収住民税を納付する、など経理には期限のある仕事がたくさん存在します。

7月	8月	9月
10日までに ● 社会保険の算定基礎届の提出（日本年金機構） ● 労働保険の年度更新手続き（労働局） **31日までに** ● 固定資産税の納付（市区町村）		
		決算業務 ● （中間決算書を作成する会社の場合） 中間決算作業で必要となる書類の提出依頼などの準備を進める

会社の決算時期に応じてスケジュールを読み替える

　会社の事業年度に応じてスケジュールが決まる仕事（２段目）については、3月決算を前提としています。したがって、例えば12月決算の会社の場合は、スケジュール表の3月を12月に読み替えるなどしてください。

	10月	11月	12月
どの会社でも同じスケジュールの仕事	**給与計算業務** ● 定時決定に基づく標準報酬月額を給与計算ソフトへ設定（翌月控除の会社の場合）	**給与計算業務** ● 年末調整に必要な書類の提出を社員へ依頼する	**25日までに** ● 固定資産税の納付（市区町村） ※自治体によっては26日〜翌年1月4日のいずれかの日が期限の場合もあります **給与計算業務** ● 年末調整を行い源泉徴収票を社員へ交付する ● （賞与を支給する場合）賞与支給日から5日以内に賞与支払届の提出（日本年金機構）
会社の事業年度に応じてスケジュールが決まる仕事（事業年度が4月1日〜3月31日の会社を前提とした場合）	**決算業務** ● （中間決算書を作成する会社の場合）中間決算書（4月〜9月期）を作成する	**30日までに** ● （中間申告義務がある会社など）法人税、消費税などの中間申告書提出＆納税（税務署、県税事務所、市役所）	

消費税の中間申告には３つのパターンがある

法人税や法人事業税、法人住民税の中間申告は年１回です。一方、消費税の中間申告は直前の確定申告消費税額に応じて年１回、年３回、年11回の３つのパターンがあります。

1月	2月	3月
31日までに	**28日までに**	
● 法定調書合計表の提出（税務署）	● 固定資産税の納付（市区町村）	
● 給与支払報告書の提出（市区町村）		
● 償却資産申告書の提出（市区町村）		
給与計算業務		
● 年末調整を12月に行っていない会社は、１月中に年末調整を行い源泉徴収票を社員へ交付する		
	予算業務	**決算業務**
	● 来年度予算策定の作業を進める	● 決算作業で必要となる書類の提出依頼などの準備を進める
		予算業務
		● 来年度の予算を策定する

CONTENTS

第1章 経理業務の基本

第2章　簿記の基本

第3章　日々の経理業務

第4章 月々の経理業務〜お金の流れの管理

第5章 月々の経理業務〜給与の計算

第6章　経理業務の一年の集大成～決算書の作成

第7章 これからの経理業務とスキルアップ

※本書に記載された情報は、原則として2024年2月1日時点の情報に基づいています。
※記載された文言については、わかりやすくするために法令通りではない表記としている場合もありますので
　ご了承ください。

経理業務の基本

第1章では、経理がやるべき仕事の基本をまとめています。経理業務は、会社のお金の流れを把握し、日々・月々・1年といった単位で業務を進めることが大切です。また、会社のお金が不足しないように維持・管理を行い、お金を増やすための戦略を考えることも求められます。

経理業務に関する疑問

第1章では経理業務の基本をまとめています。まずはQ&Aで経理業務の気になる点をチェックしましょう。

経理部のAさん

Q.1

経理は営業部門のようにお金を稼ぐわけではないのですが、どんなことをするのでしょうか。

A. 　経理の仕事とは、会社が存続していくために必要な「お金」を管理することです。営業部門がお金をたくさん稼いだとしても、無計画に使うと銀行や取引先へ約束どおりに支払えなくなり、やがて会社は倒産してしまいます。そうならないように会社のお金を適切に管理するのが経理部門の役割です。

➡ 詳しい内容はP.20をチェック!

Q.2

お金を管理する仕事ということはわかったのですが、具体的にどんなことをしているのでしょうか。

経理部のBさん

A. 　経理業務では主に会社のお金の使い道を計画する「企画管理業務」、実際に会社のお金を支払ったり受け取ったりする「出納業務」、簿記のルールに従って入出金の事実を帳簿へ記録し、その帳簿に基づいて決算書を作成する「会計業務」の3つの業務を行っています。　➡ 詳しい内容はP.22をチェック!

Q.3

経理の日々のスケジュールを教えてください。また、1年の中には繁忙期もあるのでしょうか？

経理部のCさん

A. 　普段は会社のお金の出入りに関する事務を行う「出納業務」と、その結果を帳簿へ記録する「会計業務」を中心に行います。仕事に慣れてくれば、この時期は定時で退社することが多いでしょう。決算書を作成したり翌年度のお金の使い道（予算）を策定したりする時期（通常は会社の決算日を挟んでその前後3カ月程度）は繁忙期です。会社によっては残業が発生する場合があります。

➡ 詳しい内容はP.36などをチェック!

- -

経理部のDさん

Q.4

経理といえば簿記というイメージがありますが、経理の仕事をするために必要なスキルがあれば教えてください。

A. 　経理の仕事をするためには簿記の知識が必要です。会社は簿記のルールに基づいて作成された会計帳簿と決算書をもとにお金の管理をしているので、簿記の知識が不足していると会社のお金を適切に管理することが難しくなります。また、社内外の関係者へ経理業務で必要な資料を依頼し、それに基づいて作業を行う機会が多いです。仕事をスムーズに進めるためには、相手に協力してもらうためのコミュニケーションスキルがあるとよいでしょう。

➡ 詳しい内容はP.42をチェック!

経理業務の魅力と役割
～会社のお金の管理

➡経理とは会社の「過去」「現在」「未来」に携わる業務
➡経理は会社発展のために重要な役割を担っている

■ 会社の「お金」と経理業務

　会社（株式会社や合同会社）とは、**出資者から「お金」を集め、その「お金」を元手に商売を行い、集めた「お金」をさらに増やすことを目的とする組織**です。したがって、そもそも「お金」を出資してくれる人がいなければ会社を作ることはできませんし、出資者から集めた「お金」が増えたのか、あるいは逆に減ってしまったのかについても、会社は適切に把握する必要があります。

　このように「お金」とは、会社誕生の瞬間からその後の成長過程においても、常に注意を払いつつ維持管理していかなければならない重要なもののひとつです。そして、この重要な「お金」にまつわる業務こそが経理業務なのです。

■ 経理は会社経営に欠かせない重要な業務

　経理業務が適切に行われていないと、会社は集めた「お金」で商売を行って「お金」を増やすという目的を達成しているのかどうかを把握できなくなりますし、「お金」がなくなれば会社は倒産してしまいます。したがって、今現在「お金」が足りているのかいないのかを常に把握し、足りなければ追加で出資を募ったり、銀行から借り入れを行ったりして、**会社の「お金」がなくならないように目配りするのも経理の重要な業務**です。

　このように、一般的には地味なイメージを持たれがちな経理業務ですが、実際には会社経営には欠かせない重要な業務なのです。

🔑 キーワード　**資本：**経理では会社のお金のことを「資本」と呼ぶ場合がある。資本は返済する必要がある「他人資本」と、返済の必要がない「自己資本」に大別される。

お金の維持管理をする経理業務

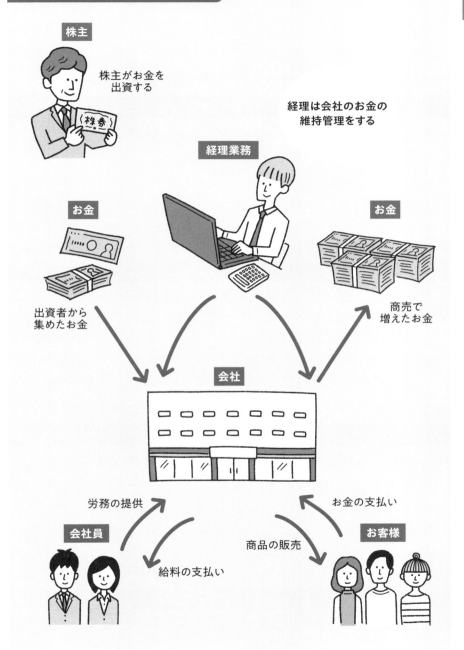

株主

株主がお金を
出資する

経理は会社のお金の
維持管理をする

経理業務

お金

お金

出資者から
集めたお金

商売で
増えたお金

会社

労務の提供

お金の支払い

会社員

商品の販売

お客様

給料の支払い

◪ お金を通して 「過去」「現在」「未来」 を見つめる

　会社にとって大切なお金の動きを記録し、管理し、増やすための戦略を考えることが、会社で求められる経理業務です。別の言い方をするならば、**お金を通して、会社の「過去」「現在」「未来」を見つめる仕事**、ともいえます。

　お金を通して会社の「過去」を見つめる仕事としては、実際のお金の動きを帳簿に記録していく業務があります。これを会計業務といいます。いわゆる簿記検定試験においては、この会計業務を行うための知識が一定のレベルに達しているかどうかがテストされています。

　次に、お金を通して会社の「現在」を見つめる仕事としては、現時点で会社にいくらお金があるのかを正確に把握しつつ、会社が受け取るべきお金（売上代金など）を期限までに受け取り、会社が事業を継続するために必要な支払い（給料や仕入代金の支払いなど）を期限までに行う業務があります。これを出納業務といいます。出納業務は会社のお金を実際にやりとりする仕事なので、「振込金額を間違えた」「支払期日に遅れた」などのミスは許されません。したがって、慎重かつ正確に作業を行うことが求められる業務です。

　お金を通して会社の「未来」を見つめる仕事としては、**会社のこれからのお金の使い道について計画を立てる業務**があります。これを企画管理業務といいます。まず予算を策定し、予算数値をその後の実績と比較して経営上の問題点を洗い出す予実分析を行い、それらを踏まえて今後の会社経営の方向性を企画するのが企画管理業務です。会社の経営に直結する業務であり、経営者的な視点も求められる仕事です。

　このように、経理業務は会社にとって最も大切な資源のひとつであるお金を通して、会社の「過去」「現在」「未来」に携わる業務です。会社では「営業」「総務」「人事」「情報システム」「調達」「製造」などさまざまな業務が存在しますが、お金という会社の根幹をなす資源を直接取り扱いながら、会社が発展していくための重要な役割を担っているのが経理業務なのです。

経理は会社のお金の 「過去」「現在」「未来」に関わる仕事

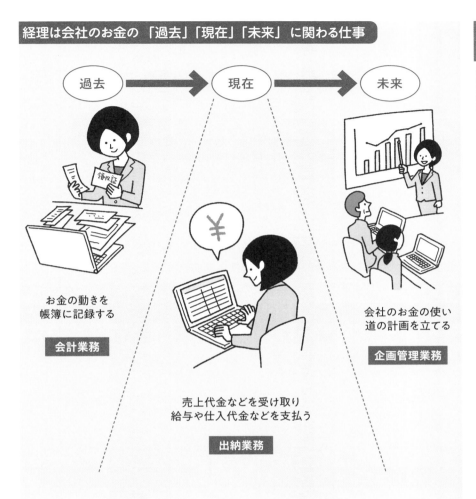

過去 ➡ 現在 ➡ 未来

お金の動きを
帳簿に記録する

会計業務

売上代金などを受け取り
給与や仕入代金などを支払う

出納業務

会社のお金の使い
道の計画を立てる

企画管理業務

Q&A

Q. CFOとは？

A. 上場会社の決算発表などでは、CFOと呼ばれる立場の人が説明を行うことがあります。CFOとは「Chief Financial Officer」の略で、日本語では「最高財務責任者」と訳されます。欧米においてCFOは、CEO（Chief Executive Officer＝最高経営責任者）、COO（Chief Operating Officer＝最高執行責任者）と並び、会社経営の意思決定を行うC-Suiteの一角を占める重要職です。最近のCFOの責任領域は「経理」「財務」「税務」「予算」「資本政策」「内部統制」など多岐にわたり、経理出身者がCFOに就任することもよくあります。

経理業務の基本①
お金の動きを記録する会計業務

POINT

➡ 会計業務とはお金の単位で会社の活動を記録する業務
➡ 財務会計、管理会計、税務会計の3つの領域がある

■ 会計業務とは会社の活動を記録する業務

　経理業務のひとつに会計業務という領域があります。会計業務とは、**会社が行ったさまざまな活動をお金の単位で記録する業務**です。すでに起きてしまったことを記録する業務なので、会社の過去の活動について記録する業務ともいえます。

　具体的には「複式簿記」というルールに則って日々の会社の活動を記録することが基本となります。複式簿記については第2章で詳しく説明します。

■ 財務会計、管理会計、税務会計の違い

　会計業務の領域には大きく分けて「財務会計」「管理会計」「税務会計」という領域があります。

　「財務会計」は、株主や債権者（≒銀行）といった会社外部の利害関係者に向けて業績を報告することが目的の会計です。報告を受けた外部利害関係者がほかの会社と比較しやすいように、一定のルール（会計基準）に従って作成します。

　「管理会計」は、経営判断を行うために必要な情報を会社内部で共有することが目的の会計です。会社内部向けの会計なので、会社ごとにルールが異なります。

　「税務会計」は、税金の計算を行うための会計です。具体的には法人税法など税法のルールに従います。実際には、これらの会計はそれぞれ別々に作業を行うのではなく、**「財務会計」のルールに従って記録したものをベースに、「管理会計」や「税務会計」用にアレンジする**という使い分けをしています。

キーワード

財務会計の領域：財務会計は会社法に従う会社法会計と、金融商品取引法に従う金融商品取引法会計に細分される。中小企業は会社法会計に従うことになる。

会計業務は過去のお金の動きを記録する業務

財務会計

会社外部に向けて報告する目的。報告を受けた利害関係者が、他の会社と比較しやすいように会計基準のルールに従って作成

管理会計

会社内部で経営判断をする目的。書式や期間等はそれぞれ会社によりルールが違い、法律上の義務がない

税務会計

法人税法などに基づき税金の計算をする目的。企業は税務申告のために決算書を作成し、税金を納める

Advice

会計業務に必要な簿記の知識

　会計業務は複式簿記のルールに従って記録を行う業務です。複式簿記の知識については、日商簿記検定試験3級の学習をすることで必要な知識を身につけることができます。以前は日商簿記検定試験2級まで取得しないと会社の経理業務には不十分とされていましたが、2019年度から試験範囲が改定され、3級の段階で株式会社を前提とした出題がされるようになりました。そのため、3級合格を目指して学習することで、会社の会計業務に関して基本的な事項は学べるようになりました。

経理業務の基本②
お金の動きを管理する出納業務

➡ 実際にお金をやりとりする業務なので正確性が最も重要
➡ ミスや不正を防止するためのルールを作り遵守する

出納業務とは実際にお金をやりとりする業務

　会社のお金を実際にやりとりする業務のことを出納業務といいます。出納業務は「お金を受け取る業務」と「お金を支払う業務」に大別されます。

　「お金を受け取る業務」としては、請求書や領収書などお金を受け取るために必要な書類の発行、その書類に紐づく現金の受領、小切手の受領、手形の受領、銀行口座への入金確認などがあります。

　「お金を支払う業務」の場合は、取引先から発行された請求書や、社員が立て替え払いした経費の領収書など支払いの根拠となる書類を入手し、その内容に従って銀行振込や小切手の発行、手形の発行、現金精算を行ったりします。

　「お金を受け取る業務」と「お金を支払う業務」のどちらにも共通することは、「正確性が重要である」ということです。

　例えば、得意先へ請求書を発行する際に金額を間違えたり、請求先を間違えたりすることは会社の信用問題につながります。請求書を発行したあとも、期日どおりに請求金額の入金があったかどうかを管理し、請求金額と入金金額が1円でも異なる場合は、それに気づいて原因を確認しなければなりません。支払いを行う場合には、支払先や支払金額を間違えないことはもちろんですが、会社のお金の横領を目的とした不正請求の可能性にも気を配る必要があります。また、レジの現金や金庫の小口現金については、実際の残高と帳簿残高が完全に一致するように管理しなければなりません。

出納業務は同じことを何度も繰り返すルーティン業務なので、ミスや不正を防止するためのルールやマニュアルを省略せずに実直に守り、作業をすることが大切。

出納業務はお金の出し入れをする業務

お金を受け取る業務

請求書や領収書など、お金を受け取るのに必要な書類を発行

- 現金、小切手、手形の受領
- 銀行口座への入金確認

お金を支払う業務

取引先から発行された請求書や、立て替え払いした領収書を入手

- 銀行振込や小切手、手形の発行
- 現金精算

正確性がとても重要

お金そのものを取り扱う出納業務においてミスをすると、直ちに会社へ損害を与えてしまう恐れがあるため、正確性に加えて慎重に作業を行うことも求められます。

Advice

自分自身が不正をしないため、疑われないためにすべきこと

　インターネットの検索サイトで「経理　横領　ニュース」などと検索すると、経理担当者が会社のお金を着服したニュースがたくさん表示されます。典型的な手口としては、自分1人で出納業務を完結できる立場にあることを利用し、書類の偽造やインターネットバンキングの不正操作などがあります。人間の欲望は底深く、どんなに真面目な人でも時として一線を越えてしまう場合があります。それを防ぐためには「出納業務は1人で行わない」ことが鉄則です。また、そのことは自分自身が不正をしていないのに疑われてしまう事態を防ぐことにもつながります。「責任者の決済がないものは支払わない」「上司とのダブルチェック」「インターネットバンキングの操作権限と承認権限を分ける」など、出納業務は必ず2人以上で行うべきです。

経理業務の基本③
経営を判断する企画管理業務

➡ 会社のお金をどう使うか計画するのが企画管理業務
➡ 過去の数値や同業他社と比較して自社の課題を見つける

■ 企画管理業務は会社の未来を担う重要な仕事

　過去のお金の動きを記録する会計業務、今あるお金を実際に動かす出納業務は、経理が主体的に行う業務というよりは、すでに起きたことを複式簿記のルールに沿って記録して、他部署からの指示に従って正確な送金を行うなど、どちらかというと受け身の業務です。それに対して企画管理業務は、**会社が将来にわたって利益を獲得し成長していくために、会社のお金をこれから何にどう使うかを計画する業務**であり、経理が主体的に関わる業務といえます。したがって企画管理業務は、経理業務の経験が豊富な社員や、将来の経営幹部候補の社員が携わることが多い業務であり、経理業務の中でも花形の業務のひとつです。

　企画管理業務の範囲は会社ごとにさまざまですが、どの会社でも必ず行うのは予算の策定とその管理です。具体的には会計業務で記録した過去の実績数値と、社内の各部署から集めた次年度の目標数値をすり合わせ、次年度の売上、原価、販管費（販売費及び一般管理費）、利益などの目標数値を記入した予算表を作成します。企画管理業務で作成された予算表は取締役会など会社の意思決定機関で審議されたのち、正式に会社の目標として決定されます。その後は月ごとに予算数値と実績数値を比較し、乖離が大きい項目については原因を追究します（予実分析）。予実分析の結果を踏まえ、今後は予算を達成できるよう担当部署のサポートも行います。会計業務で作成した決算書をもとに、**過去の数値や同業他社との比較を通じて自社の課題を把握する経営分析も企画管理業務の重要な仕事**です。

豆知識　企画管理業務は会計業務や出納業務とは違い、経営者ともやりとりしてこれからの計画を立案する業務のため、経理部から独立した別部署で行うこともよくある。

企画管理業務とは会社のお金をどう使うかを計画する業務

 会計業務で記録した過去の実績数値と次年度の目標数値をすり合わせる

 次年度の売上、原価、販管費、利益など、目標数値を記入した予算表の作成

 取締役会など会社の意思決定機関で審議して目標を設定

 月ごとに予算数値と実績数値を比較し、乖離が大きい項目があれば原因を追究する（予実分析）

 予算を達成できるようにサポートを行う

Advice

これからの経理業務は企画管理業務が中心になりえる

　インターネットの登場やAI技術の発展により、かつては数人で手分けして行っていた経理業務が次々と自動化されています。お金を扱う業務なので完全に自動化されることはないのですが、会計業務や出納業務については、以前は3人で行っていた業務も今は1人で対応できるということが現実に起きています。

　一方、将来のお金の使い方を計画し管理する企画管理業務は、社会情勢や消費者ニーズの変遷を捉えつつ、社内においては経営者や各部署の思惑を感じ取りながら数値を作り上げていくという「想像力」と「創造力」が求められる人間味のある業務です。数値には表れない人の心の機微を感じ取る能力が必要となる仕事であり、経営にも直結する業務なので、企画管理業務のスキルが高い人材はこれからも多くの会社から求められるでしょう。

経理の業務内容は
会社の規模や業種で変わる

➡ 会社の規模と業種の組み合わせにより業務内容は変わる
➡ どんな会社でも経理として求められる基本スキルは同じ

■ 会社の規模に応じて担当業務の範囲は変わる

前項までで、経理の基本業務である「会計業務」「出納業務」「企画管理業務」の3つについて説明してきました。**実際にこれらの業務を何人ぐらいで担当するのかは、「会社の規模によって変わる」**ということになります。例えば、従業員30人以下の会社の場合、経理部門が単独では存在せず、総務や人事と兼務で経理業務を行う社員が1〜2名いるということはよくあります。この場合は「バックオフィス業務全般の担当者」として会計業務や出納業務などを行い、会社のフロント業務を後方からサポートするという働き方になります。なお、この規模では企画管理業務は経営者が行い、経理は携わらない場合が多いでしょう。

一方、上場企業やその子会社の場合、会社の規模が大きく取引の数も多いので、それに比例して経理の業務量が増えるため、経理専門の部署を設け、さらに担当業務ごとにグループを作って行うことが一般的です。また、上場企業とその子会社は四半期決算に基づく決算短信の作成や連結決算などが法令で義務付けられており、その対応を行う経理人材も必要となります。そのため、経理業務も細分化され「会計業務担当の経理部員」「出納業務担当の経理部員」「企画管理業務担当の経理部員」という専門的な働き方が多くなります。

■ 会社の業種に応じて経理の業務内容は変わる

経理の基本業務である「会計業務」「出納業務」「企画管理業務」の内容につい

四半期決算：会社の1年間（12カ月）を4つに区切り、3カ月ごとに決算書を作成することをいう。上場企業は作成が義務付けられている。

ては、**会社の業種に応じて実際の作業内容が変わってきます。**

　例えば製造業の場合、原材料を仕入れて加工し、製品を製造して販売する、というサイクルで商売を行っています。通常は原材料を仕入れてから完成品を販売して代金を回収するまでの期間が数カ月に及ぶため、資金繰りを考えて手形や電子記録債権で支払いを行うことが多くなります。また、原材料の調達コストを完成品の価格に転嫁して、確実に利益を獲得するためには正確な原価計算が欠かせません。外注ではなく自前の工場で生産する場合は、機械装置など自ら保有する固定資産の維持管理も必要となります。したがって製造業の「出納業務」では他の業種と比べて手形や電子記録債権を取り扱う機会が多く、その期日管理の仕事もあります。「会計業務」においては、原価計算や固定資産の減価償却費の計算などの業務が発生します。

　卸売業の場合は、商品を仕入れて販売するというサイクルで商売をしています。利益率が高くない商材を扱う場合は、銀行からの借入金も使って大量の仕入れを行い、それを販売することで必要な利益金額を確保します。また海外から仕入れて日本で販売する場合は、輸入時特有の業務があります。このような商売の特徴

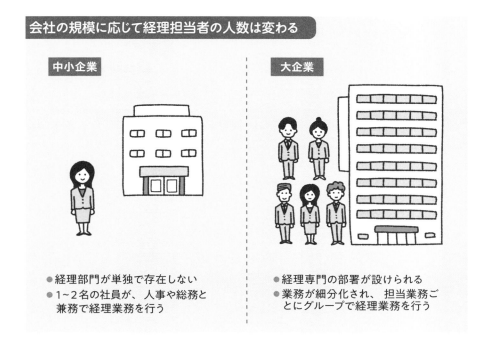

会社の規模に応じて経理担当者の人数は変わる

中小企業

大企業

- ●経理部門が単独で存在しない
- ●1〜2名の社員が、人事や総務と兼務で経理業務を行う

- ●経理専門の部署が設けられる
- ●業務が細分化され、担当業務ごとにグループで経理業務を行う

があるため、「出納業務」においては銀行からの借入と返済の業務や、海外送金の業務が多くなり、「会計業務」においては関税や輸入消費税の知識を使う機会が増えます。

　このように**会社の業種によって「会計業務」や「出納業務」の内容は変わります**し、それを受けて予算管理や経営分析を行う「企画管理業務」の内容も変わってきます。

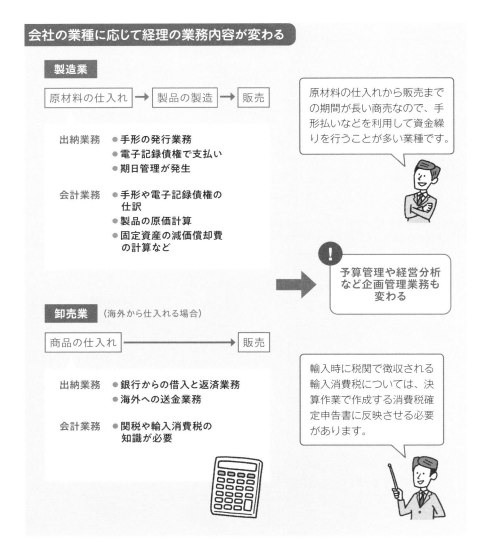

会社の業種に応じて経理の業務内容が変わる

製造業

原材料の仕入れ → 製品の製造 → 販売

出納業務　● **手形の発行業務**
　　　　　● 電子記録債権で支払い
　　　　　● 期日管理が発生

会計業務　● **手形や電子記録債権の**
　　　　　　仕訳
　　　　　● 製品の原価計算
　　　　　● 固定資産の減価償却費
　　　　　　の計算など

原材料の仕入れから販売までの期間が長い商売なので、手形払いなどを利用して資金繰りを行うことが多い業種です。

予算管理や経営分析など企画管理業務も変わる

卸売業　（海外から仕入れる場合）

商品の仕入れ　　　　　　　　　　販売

出納業務　● **銀行からの借入と返済業務**
　　　　　● **海外への送金業務**

会計業務　● **関税や輸入消費税の**
　　　　　　知識が必要

輸入時に税関で徴収される輸入消費税については、決算作業で作成する消費税確定申告書に反映させる必要があります。

■ どんな会社でも経理として求められるスキルは同じ

ここまで述べてきたように、**経理の業務内容は、会社の規模と業種の組み合わせによって、さまざまなパターンが存在します。**例えば「大企業×製造業」の場合は、「固定資産担当」「原価計算担当」といった業務が存在し、ジョブローテーションがない限り何年もその業務だけを行う、といった社員が存在します。これが「中小企業×製造業」の場合は、1人の社員が固定資産担当も原価計算担当も兼ねており、原価計算の内容も大企業に比べると簡易な方法で行う、という場合があったりします。

しかし、どんな会社規模の業種であっても、経理として求められるスキルや能力は基本的には変わりません（P.42参照）。例えば野球においては少年野球、甲子園、プロ野球、メジャーリーグ、さらにはWBCとさまざまなカテゴリーが存在し、カテゴリーごとに1人の選手が担う役割は変わっていきます（甲子園では4番でピッチャーだった選手が、プロ野球では抑え専門の投手になるなど）。ただし「投げる」「打つ」「守る」という選手に求められる基本動作はどのカテゴリーでも変わりません。

これは、経理においても同様で、会社規模と業種の数だけさまざまなカテゴリーが存在するので、働く職場ごとに求められる業務内容は変わっていきますが、**経理職として求められる基本動作はどの職場においても不変とイメージしておくとよいでしょう。**

Advice

自社が行っている商売の特徴を理解する

会社は商売を行ってお金を増やすことを目的とする存在ですが、世の中の会社が行っている商売の内容は千差万別であり、商売の内容に応じて経理業務の特徴にも違いがあります。そのため、経理部員は自社が行っている商売の流れや業界の特徴を理解したうえで経理業務を行うことが求められます。経理といえばオフィスで1日中事務作業をしているイメージがありますが、自社の営業所や工場、店舗など利益を生み出している現場に出向いて、自分の目で商売の最前線を見聞きすることは経理業務にとても役立ちます。「打ち合わせ」「棚卸し」「監査」「研修」など、現場を見る機会があるときはこちらから積極的に出かけていって、商売の特徴をこの目で観る機会を作るとよいでしょう。

経理業務は日々、月々、1年の流れで管理

POINT
➡ 日々の業務の積み重ねが決算書の完成につながる
➡ 経理業務は期日の管理が重要

■ 経理業務はコツコツ積み上げ型の業務

　会社で行う業務にはさまざまなタイプがありますが、経理業務の場合は、日々の業務が月々の業務につながっていき、月々の業務を12回積み上げた先に年間業務の完成形が見えてくるという積み上げ型の業務です。通常、会社は12カ月を一区切りの事業年度とし、この事業年度ごとに会社のお金の増減理由と残高をまとめた書類である決算書を作成します。そのため、会社のお金にまつわる業務を行う経理業務のサイクルも、1年間の締めくくりである決算書の作成をひとつのゴールとし、そこを目指して日々の業務を行っていきます。

■ 経理の仕事には期日があるものが多い

　経理業務の仕事の多くは期日が決まっています。例えば出納業務の場合「取引先への支払期日」は取引条件によって決まっているため、その期日に絶対に遅れないように支払う必要があります。会計業務の場合は「事業年度終了日の翌日から2カ月以内に税務署へ申告書を提出する」という期日があり、**遅れると青色申告の承認が取り消されることにつながる**ので、こちらも絶対に遅れてはなりません。このように経理業務には対外的に定められた期日がある仕事が多いため、1年の中で到来する各種期日は最初に把握し、月間のスケジュールに落とし込んで、それらを踏まえて日々の業務の優先順位を決めて取り組む、という形での期日管理が重要となります。

キーワード

青色申告：事前に税務署へ申請書を提出するとともに、所定の条件を満たした帳簿書類を作成し保存することで、税務上の特典が受けられる制度。

決算書の作成がひとつのゴール

月々の業務を12回積み上げて、年間業務の完成を目指す

12カ月を一区切りとして、会社のお金の増減理由と残高をまとめた決算書を作成する

期日に遅れないようにスケジュールを管理

「取引先への支払期日」は取引条件によって決まっているので、各種期日を最初に把握して月間のスケジュールに落とし込む

優先順位を決めて業務の効率化を図り、期日管理を徹底する

Advice

経理業務とカレンダー

　経理業務は期日がある仕事が多いため、各種期日に遅れないような工夫が必要です。例えば、自分のデスクの目のつくところに卓上カレンダーを置いて、月初に1カ月分の仕事の期日を書き込み、毎日それを確認しながら仕事を進める、などの方法があります。社内でパソコンやスマートフォンのカレンダーアプリを使用できるルールの場合は、それらを使って管理する方法もあります。特に、支払いの期限や行政機関への書類の提出期限については1日でも遅れると会社が不利益を被ることになるので、優先的に管理します。

経理業務の流れ①
日々の仕事

POINT
➡ その日の会社のお金の出入りを管理することが中心
➡ 出納業務を行ったあとで会計業務を行うイメージ

■ 経理業務の基本は日々のお金の出入りの管理

　経理業務とは会社のお金にまつわる業務です。したがって、**会社の毎日のお金の出入りを管理し（出納業務）、その結果を複式簿記（P.52参照）で帳簿へ記録すること（会計業務）が、経理が行う最も基本的な日々の業務**となります。経理担当者が出社して業務を開始したら、通常は最初に出納業務を行います。まずはその日までに支払いが必要なものについて優先的に作業を行い、その後は五十日の支払いについて準備を進めていきます。具体的には手形や小切手を振り出したり、銀行へ振込予約のデータを送信したりします。社員が立て替えた経費を現金で精算する会社の場合は、社員から提出された精算書と領収書の内容が正しいか確認し、金庫などで保管している小口現金を使って精算をします。

　売上代金を現金や小切手、手形で回収する会社の場合は、経理が受け取った現金の金額や小切手、手形の額面金額と、こちらが発行した請求書の金額が一致していることを確認したのち、領収書を発行します。発行した領収書は、取引先へ郵送したり、自社の営業担当者経由で取引先へ渡してもらったりします。売上代金を振り込みで回収する場合は、インターネットバンキングの明細や通帳へ記載されている入金記録と請求一覧を突き合わせて、期日どおりに回収できているか確認します。こうした出納業務を行ったのち、会計ソフトに前日までのお金の出入りを複式簿記で記録していきます。社内システムとしてERPシステム（ERPとはEnterprise＝企業　Resources＝資源　Planning＝計画　の略で、ERPシステム

キーワード
五十日（ごとおび）：5日、10日、15日、20日、25日、月末のことを指す用語で、会社が各種支払いの期日として定めていることが多い日。

とは社内情報（生産、調達、在庫、販売、財務、人事など）を一元管理して有効活用するためのシステム）が導入されている場合は、出納業務を行うと同時に複式簿記で記録が行われる場合もあります。

経理が行う日々の業務

● 支払い業務
↳ 振り込み予約、手形や小切手の発行など

● 経費の精算
↳ 社員から提出された書類をチェックし、不備があれば指摘する

● 領収書の発行
↳ 金額によっては印紙を貼る

● 現金、預金の管理
↳ 実際の残高と帳簿残高を一致させ、不正な入出金がないかをチェック

● 複式簿記による記録
↳ 会計基準や社内規程に従って行う

Advice

経理の金庫で管理する現金はできるだけ少なくする

　経理の基本的な業務である出納業務の中でも、現金の管理は最も気を遣うことのひとつです。金庫内の現金残高と会計帳簿上の現金残高は日々一致させる必要がありますが、これが合わないということがよく起きます。合わない原因はいろいろありますが、実際に金庫を出入りした金額と、その証拠となる書類（領収書やメモ書き）に記載された金額が異なることが原因としては多いようです。こうした不一致をなくす一番の方法は「経理の金庫で現金を保管しない」ことです。現金払いや現金回収をなくして、すべて振り込みなどで対応すれば、こうした問題は解決します。このような方法が取れない場合は、「経理が受け取った現金」と「経理が支払う現金」を分けて、別々に管理することで、不一致の可能性を下げることができます。

経理業務の流れ②
月々の仕事

➡前月の業績をまとめる月次決算はスピードを重視
➡給与計算、納税、請求書作成は正確性を重視

▨ 月次決算業務で重要なのはスピード

　経理が行う月々の仕事の中で重要性が高いもののひとつが月次決算です。**月次決算とは、経理が日々行っている会計業務（複式簿記による会計帳簿の作成）の結果を月次決算書にまとめ、経営者へ報告する業務です。**経営者は、経理が作成した月次決算書をもとに前月までの会社の業績を把握し、今後の経営判断の参考にしています。この場合、経営者が適切な経営判断を行うためにはできるだけ最新の会社の状況を知る必要があります。したがって、月次決算書の作成においてはスピードが最も優先されます。会計帳簿にはお金の動きをすべて記録しますが、本決算（年次決算）で作成する決算書に反映させる項目の中で、会社全体から見ると金額が僅少であったり、取引の重要性が低かったりする項目について月次決算では作業を省略し、その分早く月次決算書が完成するように作業を行います。

　また本決算で作成する決算書は会社法や税法の要請に基づき作成が義務付けられており、銀行や税務署へ提出するものなので適切な様式で作成する必要がありますが、月次決算書は原則として会社内部向けの決算書なので、自社の業態や経営者が知りたい情報などを優先した様式で作成することも許されます。

　このほかの月々の仕事としては、給与計算とその支給、源泉所得税と社会保険料の納付、取引先に対する請求書の作成と発送などがあります。これらの仕事は間違いがあると会社の信用に直結するので、正確性を重視して作業を進める必要があります。

豆知識　スピードが重視される月次決算は、早い会社では翌月1営業日で前月分を締めている。そこまで早期化できなくても、翌月10営業日前後でまとめたいところである。

経理が行う月々の業務

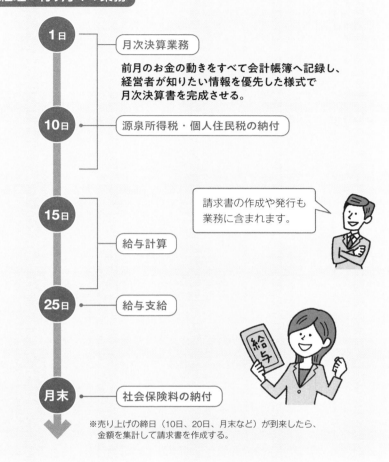

1日 ── 月次決算業務

前月のお金の動きをすべて会計帳簿へ記録し、
経営者が知りたい情報を優先した様式で
月次決算書を完成させる。

10日 ── 源泉所得税・個人住民税の納付

請求書の作成や発行も
業務に含まれます。

15日 ── 給与計算

25日 ── 給与支給

月末 ── 社会保険料の納付

※売り上げの締日（10日、20日、月末など）が到来したら、
金額を集計して請求書を作成する。

Advice

決算の種類

　経理業務における「決算」とは、会社の経営成績と財政状態を明らかにするために行う手続き、という意味で使われます。具体的には経営成績を表す損益計算書（P/L）と財政状態を表す貸借対照表（B/S）を中心とした決算書を作成する作業です。月次決算以外に、四半期決算、中間決算、本決算などがありますが、これらの違いは決算書の対象期間の違いです。月次決算は1カ月、四半期決算は3カ月、中間決算は6カ月、本決算は12カ月＝1事業年度を対象期間とし、その期間の経営成績と財政状態を表す決算書を作成します。

経理業務の流れ③
年に1回の仕事

➡ 本決算（年次決算）と確定申告が年間業務のハイライト
➡ 年1回の業務は作業手順を記録に残す

経理業務の花形は決算業務

　会社のお金にまつわる仕事をしている経理にとって、会社のお金が1年間でどれだけ増えたのかをまとめる決算業務は、1年で最も重要で、なおかつ花形の業務といえます。通常は、経理に配属されてすぐに決算業務は担当させてもらえません。日々の会計業務や月次決算で経験を積みながら、最初のうちは本決算の担当者を補助する役割から少しずつ携わるようになることが一般的です。

　決算業務は決算日を中心とした前後1〜2カ月が繁忙期になります。例えば3月31日が決算日の場合、3月には社内の各部署へ決算作業に必要な資料の準備と経理が定めた期限までの提出を依頼します。4月になったら、3月末までのお金の動きをすべて会計帳簿へ記録するとともに、各部署から入手した決算資料に基づく決算仕訳を作成し会計帳簿へ反映させていきます。完成した会計帳簿に基づく決算書が完成したら、5月あるいは6月に株主総会を開催し、株主から決算内容の承認を得たのちに、法人税や消費税の税務申告と納税を行うことになります。

　このほかにも年1回の業務として、社会保険の算定基礎届の提出、労働保険の年度更新、年末調整、法定調書合計表の提出、償却資産申告業務などがあります。賞与を支給する場合は、年1〜2回の賞与計算業務もあります。**年1回の業務は次の業務機会までに時間が経過して前回の作業内容を忘れてしまいがちなので、1度経験したらその作業手順をメモにまとめておくことで、次の年に効率よく対応することができます。**

豆知識　上場企業など大きな会社の場合は決算業務のすべてを社内で完結させる場合もあるが、日本の多くの会社は決算業務の一部を会計事務所などへ外注している。

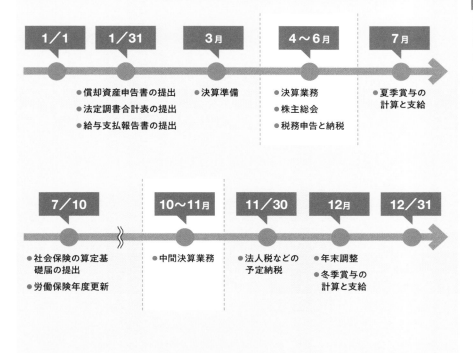

1年間の経理業務の流れ（事業年度が4/1〜3/31の会社の場合）

1/1	●償却資産申告書の提出 ●法定調書合計表の提出 ●給与支払報告書の提出
1/31	
3月	●決算準備
4〜6月	●決算業務 ●株主総会 ●税務申告と納税
7月	●夏季賞与の計算と支給

7/10	●社会保険の算定基礎届の提出 ●労働保険年度更新
10〜11月	●中間決算業務
11/30	●法人税などの予定納税
12月	●年末調整 ●冬季賞与の計算と支給
12/31	

年に1回の仕事には、償却資産申告や算定基礎届の提出のように法令で期限が決まっているものと、決算業務や税務申告など会社の事業年度に応じて業務を行う時期が決まるものがあります。

Q&A

Q. 決算日とは

A. 会社はその設立時に定款を作成しますが、通常はその定款において事業年度（例：4月1日〜翌年3月31日）を定めます。決算日とは会社が定めた事業年度の末日（上記例の場合は3月31日）のことを指します。

会社の事業年度をいつからいつまでの1年間とするかは、会社が任意に決める事項です。また事業年度末日を必ず月末にしなければならないという決まりもないので、例えば上場企業でも20日を決算日としている会社も存在します。

経理業務を行うために
必要なスキルと能力

➡ 簿記の「知識」は必須だが「資格」はなくてもよい
➡ 社内外の人たちとのやりとりを円滑に行う能力が重要

▨ 経理業務に簿記の 「知識」 は必須

「経理＝簿記」というイメージを持っている人も多いかと思います。実際のところ、経理業務のうち会計業務では簿記の知識を使います。したがって、最低でも日商簿記検定3級程度の「知識」は必要です。簿記の「知識」がない人が効率的に学ぶ方法としては、日商簿記検定試験3級の合格を目標に学習するのがおすすめです。書籍や資格スクール、インターネットの動画サイトなど、自分に合った方法でチャレンジすればよいでしょう。受験の結果、合格できるのが一番よいのですが、仮に不合格だったとしても、すでに経理業務に携わっているのであれば受験勉強を通じて体系的に学んだ「知識」が必ず役立つはずです。

その意味で経理業務において簿記の「知識」は必須ですが、「資格」は必ずしも必須ではありません。「資格」の有無よりも「知識」の有無のほうが重要になるということです。一方、経理職への転職が目標の場合は、「資格」があったほうが転職活動においては有利になります。

▨ 経理の仕事は1人ではできない

経理業務は社内外の人たちとやりとりが多い仕事です。なぜなら、経理業務の多くは会社が社会の中で商売を行った結果として生じる仕事であり、経理部門単独で完結する仕事ではないからです。そのため、社内外の関係者との意思疎通がうまくいかないと経理業務にも支障が生じることが多くなります。

豆知識　日商簿記検定試験の2級と3級は、従来の年3回実施される統一試験に加えて、全国のテストセンターでほぼ毎日受験できるネット試験も実施されている。

日商簿記3級を目標に設定

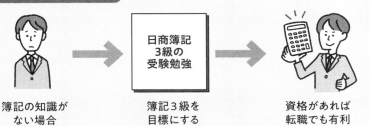

| 簿記の知識が
ない場合 | 簿記3級を
目標にする | 資格があれば
転職でも有利 |

日商簿記
3級の
受験勉強

社内外との仕事のやりとり

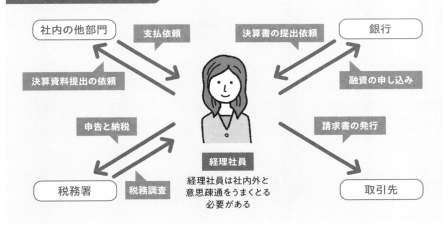

社内の他部門　　支払依頼　　　決算書の提出依頼　　　銀行

決算資料提出の依頼　　　　　　　融資の申し込み

申告と納税　　　　　　　　　　請求書の発行

税務署　税務調査　　　　　　　　　　取引先

経理社員

経理社員は社内外と
意思疎通をうまくとる
必要がある

Advice

経理業務とコミュニケーション

　経理業務には、出納業務のように「他部門から経理部門への依頼」を踏まえて行う仕事や、会計業務や企画管理業務のように「経理部門から他部門へ必要な書類を依頼」し、その書類が揃わないとできない仕事など、経理単独では完結できない仕事が多くあります。そのため「他部門とのコミュニケーションをいかにうまく行うか」が、経理の仕事の成否を左右するといっても過言ではありません。他部門とのコミュニケーションを円滑に行うためには、相手の立場や状況を踏まえたやりとりを行うことがコツです。他部門から見ると経理部門は「ルールに厳しい」「偉そう」「面倒くさい」「融通がきかない」「怖い」といった負のイメージを持たれがちなので、そこを逆手に取り、最初に相手の仕事の状況や立場に理解を示したうえで優しく丁寧に接すると、協力的な対応をしてもらえる場合が多いでしょう。

経理が守るべき法律と
ルールへの対応

POINT

➡中小企業の経理業務では会社法と税法を意識する
➡会計基準と自社の社内規程を遵守する

◢ 中小企業の経理業務で守るべき法律

　会社が世の中で商売を行う際には、さまざまな法律を守る必要があります。それらの法律の中でも、中小企業の経理業務に影響があるものとしては会社法と税法があげられます。**会社法とは、会社の設立や運営、清算など会社に関するあらゆるルールを定めた法律です。**なかでも「第2編　株式会社」や「第3編　持分会社」の「第5章　計算等」とそれを踏まえた法務省令である「会社計算規則」では会計帳簿や決算書類の作成について規定しており、経理が行う会計業務と関連があります。

　税法とは税金に関する法律全般を指す通称であり、実際の法律は「○○税法」という形でさまざまなものが存在します。経理業務を行う際に特に影響があるのは「法人税法」「消費税法」「所得税法」「地方税法」です。税法は毎年のように改正があるので、それを確認して業務を行う必要があります。

◢ 会計基準と自社の社内規程を守る

　会社法第431条や第614条では「一般に公正妥当と認められる企業会計の慣行に従うものとする」と規定されています。具体的には各種の会計基準に従うことが求められており、**中小企業向けの会計基準としては「中小企業の会計に関する指針」があります。**また、**会社法、税法、会計基準を踏まえた社内規程がある場合は、それを遵守**して経理業務を行います。

豆知識 上場企業とそのグループ企業の経理業務を行う場合には、金融商品取引法に規定されている内容にも従う必要がある。

中小企業の経理が守る法律とルール

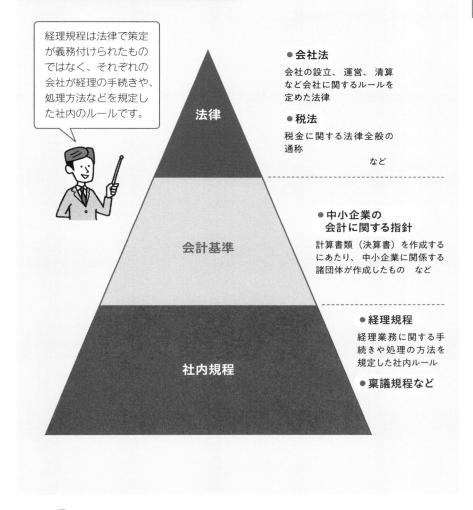

経理規程は法律で策定が義務付けられたものではなく、それぞれの会社が経理の手続きや、処理方法などを規定した社内のルールです。

法律

● **会社法**
会社の設立、運営、清算など会社に関するルールを定めた法律

● **税法**
税金に関する法律全般の通称

など

会計基準

● **中小企業の会計に関する指針**
計算書類（決算書）を作成するにあたり、中小企業に関係する諸団体が作成したもの　など

社内規程

● **経理規程**
経理業務に関する手続きや処理の方法を規定した社内ルール

● **稟議規程など**

Advice

税法の改正スケジュール

　日本の税制改正は、毎年11月から12月にかけて行われる与党の税制調査会での議論をベースとし、翌年1月から開かれる通常国会で具体的な法案として議論されたのち可決され成立する流れで行われています。したがって、毎年12月中旬に与党が公表する税制改正大綱を読むことで、今後の税制改正の方向性について早めに知ることができます。

クラウド会計ソフトの活用

➡ ネット社会ではクラウド会計ソフトが主流になる
➡ 自社の商売に合わせた設定をすると使い勝手がよくなる

中小企業の経理が活用したいクラウド会計ソフト

現在の会計ソフトには、プログラムを購入し自社のパソコンにインストールして操作するタイプ（インストール型）と、プログラム自体はインターネット上のサーバーにあり、インターネット回線を通して操作するクラウド型のタイプが存在します。クラウド会計ソフトの特徴のひとつは、インターネット経由で自動的に銀行のネットバンキングのデータや、クレジットカードの利用明細、会社のレジシステムのデータなどを取り込み、ソフトによっては複式簿記による記録まで行ってくれる機能を持つ点です。**少人数で複数の業務を行うことが多い中小企業の経理部門こそ、人間の代わりに入力作業を行ってくれるクラウド会計ソフトを業務効率化のツールとして活用すべき**です。

自社の商売に合わせた自動化の設定がポイント

インターネットからデータを取り込んで処理することが得意なクラウド会計ソフトは、うまく設定すれば会計業務の大部分を自動化することができます。ただし、**最初からすべての会計業務をソフトの機能に合わせて自動化すると、イレギュラーな取引が発生したときに対応ができず、かえって修正に手間がかかる場合**があります。そこでまずは毎月発生する定型的な取引から自動化の設定を行い、自社の商売の内容に合わせて徐々に自動化の範囲を広げていくことがクラウド会計ソフトを使いこなすコツです。

豆知識　クラウド会計ソフトには同じくクラウド型の販売管理ソフト、経費精算ソフト、給与計算ソフトなどを連携させることでERPシステムとしての利用が可能になる。

クラウド会計ソフトの性能を引き出す連携

銀行の ネットバンキング	**クレジットカードの 利用明細**
入出金明細を 自動で取得	利用明細を 自動で取得

クラウド会計 ソフト

経費精算ソフト	**給与計算ソフト**
経費精算の結果を 自動で仕訳	給与計算の結果を 自動で仕訳
レジシステム	**販売管理ソフト**
日々の売上データを 自動で取得	受発注データや 支払いデータなどを 自動で取得

連携して取り込んだデータを使うことで、人間が行う作業の手間を大幅に減らすこともできます。

Advice

大量の仕訳を効率的にクラウド会計ソフトへ入力する方法

　クラウド会計ソフトはインターネット回線を通じて操作するものなので、通信環境によってはソフトからの反応がワンテンポ遅くなる場合もあります。機能改善や高速通信回線の普及により、数件の仕訳を入力する程度ならほぼ気にならない状態になりましたが、大量の仕訳を一度に入力する場合には、インストール型のソフトに比べるとその点でまだ劣ってしまうのは否めません。この問題の解決策としては、大量の仕訳をクラウド会計ソフトへ入力する場合は1件ずつ手入力するのではなく、まずCSV形式などのデータを用意し、それを仕訳取り込み用のテンプレートにコピーしたのち、ソフトに取り込む方法がおすすめです。

経理職のキャリアパス

　経理職として働く場合のキャリアパスについては、大企業と中小・ベンチャー企業で異なる部分があるものの、おおむね次のような流れが多いでしょう。

■仕訳入力、支払担当者の仕事

　経理職が最初に担当する業務として多いのは、日々の取引を複式簿記で記録する会計業務と、取引先からの請求書等に基づいて支払いを行う出納業務です。いずれも、他部門の事業活動の結果として経理へ提出される領収書や請求書などに基づく正確な作業が求められます。新入社員や別業種からの転職者の場合、まずはこれらの業務を担当することが多いのですが、最初のうちは時間がかかってもよいので正確な作業を心がけましょう。

■決算担当者の仕事

　社内の他部門ともコミュニケーションをとりつつ、決算のための資料作成から、決算仕訳を入力して試算表や決算書の作成までを行います。決算に関する簿記の知識が必要な業務であり、会社の業務内容全般に関する理解も必要です。初めて月次や年次の決算を担当するときは、前任者が行っていた過去の決算整理仕訳を参考にするとよいでしょう。

■経理責任者の仕事

　経理部門の中で課長や部長と呼ばれるポジションの業務です。担当者が作成した決算書をチェックしたり、金融機関や税務署など社外との折衝を行ったりします。経理部門全体のマネジメント業務も責任者の仕事です。予算の策定など会社全体の企画管理業務に携わることも多くなります。

■経理担当役員の仕事

　経理部門全体の責任者であるとともに、経営陣の一員として経営の意思決定に参加するレベルです。上場会社の場合はCFO（最高財務責任者）などの肩書で投資家向けに決算説明を行うこともあります。

簿記の基本

第2章では、経理に仕事に不可欠な簿記について解説しています。簿記は、会計業務を行う際のルールで、会社が行っている取引を仕訳の形で記録します。経理は、日々行っている会計業務の1年間の総仕上げとして、会社の成績表である「決算書」を作成します。

Q&Aでわかる！
簿記に関する疑問

第2章では経理が会計帳簿を作成する際の簿記の基本をまとめています。Q&Aで気になる点をチェックしましょう。

経理部のAさん

Q.1

経理で働くには簿記の知識が必要だと聞きました。簿記とは何なのでしょうか。

A. 　簿記とは、会社のお金の流れを帳簿へ記録する際の「ルール」です。ルールに従って帳簿や決算書を作成すると、会社の業績などがわかりやすく表現できます。会社が銀行からお金を借りる場合や、税務署へ申告と納税を行う場合も、簿記のルールで作られた帳簿や決算書を前提に実務は行われています。　　　　　　　　➡ 詳しい内容はP.52をチェック！

Q.2

簿記の知識を身につけるためのコツはありますか？

経理部のBさん

A. 　簿記は「ルール」です。会計学者でない限りはある程度割り切って覚える姿勢が必要です。簿記は会社の財政状態を表す「資産・負債・純資産」と、会社の経営成績を表す「収益・費用」の分野に分かれているので、そのイメージを持って学習しましょう。　　　　➡ 詳しい内容はP.54をチェック！

Q.3

簿記で使う「勘定科目」にはいろいろな種類がありますが、覚えたほうがよいのでしょうか。

経理部のCさん

A. 簿記ではさまざまな勘定科目を使ってお金の流れを記録します。日商簿記検定では試験実施団体が正解とする勘定科目を覚える必要があります。一方、実務でどの勘定科目を使うかは、ある程度会社の裁量に任されており、同じ取引でも会社が違うと勘定科目が異なる場合もあります。したがって、実務においては、その都度調べて対応するのがよいでしょう。 ➡ 詳しい内容はP.64をチェック!

経理部のDさん

Q.4

経理の仕事として決算書の作成がありますが、決算書にはどんな種類があるでしょうか?

A. 決算書の目的は、商売の結果、会社のお金がどれくらい増えて、今いくらあるのかを表すことです。前者は「損益計算書」にまとめられ、後者は「貸借対照表」で表されており、決算書は損益計算書と貸借対照表を中心に構成されています。ほかにも、決算書には「株主資本等変動計算書」「キャッシュ・フロー計算書」など、いくつかの種類があり、それぞれの数値から経営状況の把握ができます。

➡ 詳しい内容はP.72をチェック!

経理に必要な簿記の基本

POINT
➡ 簿記とは会計業務を行う際の「ルール」
➡ 会社が行った取引を仕訳の形で記録する

■ 簿記は会社の活動をお金の単位で記録する

　会社とは出資者からお金を集め、そのお金を元手に商売を行い、集めたお金を増やすことを目的とする組織です。したがって「どのくらいお金を集めて、そのお金は今どうなっているのか（＝財政状態）」「集めたお金で商売をした結果、お金がどれだけ増えたのか（＝経営成績）」の2点について把握する必要があります。この「財政状態」と「経営成績」を知るために経理が作成する書類が決算書（貸借対照表と損益計算書など）です。決算書は、経理が行う会計業務（P.24参照）を通してまとめられた会計帳簿をもとに作成されます。そして、会計帳簿を作成する際のルールが「簿記」というルールになります。

　簿記には単式簿記と複式簿記という2つの種類がありますが、会社の経理では複式簿記のルールに基づいて会計業務を行います。複式簿記とは、会社が行った1つの商売活動（取引）について、2つの側面から同時に記録するルールです。例えば「100円の商品が売れて、代金として現金100円を受け取った」という取引の場合、

借方	貸方
勘定科目 → 現金　100円 ← 金額	売上高　100円
※お金が増えた（結果）	※商品が売れた（お金が増えた理由）

という形で左側（借方）と右側（貸方）に「勘定科目」（取引内容を分類するための簿記の科目）と「金額」を並べて記録します。このように記録することを「仕

キーワード　**単式簿記：**1つの取引について1つの情報だけ記録するルールのことを単式簿記という。具体的には家計簿やお小遣い帳は単式簿記で記録されている。

訳」といいます。複式簿記のメリットは、1つの取引について2つの側面から記録できるため、「お金が増えた事実（結果）」と「お金が増えた理由」という形で、結果と原因の両方を1つの仕訳で記録できる点にあります。

複式簿記のルール

> 8月1日に100円の商品が売れて、現金100円を受け取った場合

仕訳　　借方 **現金100円**　　貸方 **売上高100円**

会計帳簿　総勘定元帳（すべての取引を勘定科目ごとに記録した帳簿）　　1つの取引につき2つの情報を記録

現金

日付	相手科目	借方	貸方	残高
8/1	売上高	100		100

売上高

日付	相手科目	借方	貸方	残高
8/1	現金		100	100

決算書

貸借対照表

資産	負債
現金100	純資産

損益計算書

費用	収益
利益	売上高100

借方と貸方

　複式簿記のルールで仕訳を行う際には、左側を「借方」と呼び、右側を「貸方」と呼びます。複式簿記のルールと「借」や「貸」という漢字の意味に関連はないので、機械的に左が借方、右が貸方と覚えてしまいましょう。「かり」の「り」が左側に伸びるので左側、「かし」の「し」が右側に伸びるので右側、といった覚え方もあります。

簿記の5つの要素で貸借対照表と損益計算書を作成する

➡財政状態を表す「資産」「負債」「純資産」
➡経営成績を表す「収益」「費用」

◢ 会計業務の目的と簿記で用いる5つの要素

　前述のとおり、経理が行う会計業務（会社の活動をお金の単位で記録する業務）の目的は「どのくらいお金を集めて、そのお金は今どうなっているのか（＝財政状態）」「集めたお金で商売をした結果、お金がどれだけ増えたのか（＝経営成績）」の2点を明らかにすることです。このうち**財政状態**は「資産」「負債」「純資産」という3つの要素を用いて貸借対照表で明らかにされます。また**経営成績**は「収益」「費用」という2つの要素を用いて損益計算書で明らかにされます。

　会計業務のルールである複式簿記で用いる勘定科目は、「資産」「負債」「純資産」「収益」「費用」の5つの要素のいずれかに属しており、会社が行った取引について各勘定科目を組み合わせて仕訳をすることで、最終的には会社の財政状態を表す貸借対照表と、経営成績を表す損益計算書を作成することを目的としています。

◢ 貸借対照表と 「資産」「負債」「純資産」

　貸借対照表は会社の財政状態を明らかにする決算書です。ここでいう「財政状態を明らかにする」とは「お金の集め方（調達源泉）」と「お金の使い道（運用形態）」を表すことを意味します。

　お金の集め方（調達源泉）を表す要素は「負債」と「純資産」に分かれます。銀行から借りて将来返済する約束で集めたお金は「負債」に表示します。このように負債には「将来支払わなければならないもの」が表示されます。

　一方、株主に出資してもらって集めたお金や、会社が商売を行って増やしたお金（利益）は「純資産」として表示されます。純資産に表示されたお金は、負債と違って将来支払う義務がないお金です。

　また、こうして集めたお金をどのように使っているか（＝運用形態）については、「資産」として表示します。

　例えば「株主から金銭出資1,000万円を受けた」場合は、

借方	貸方
現金1,000万円	資本金1,000万円
※現金で保有している（運用形態）	※株主から出資を受けた（調達源泉）

※現金＝資産に属する勘定科目、資本金＝純資産に属する勘定科目

という仕訳を行います。

　また「銀行から300万円借りて営業車を購入した」場合は、

借方	貸方
車両運搬具300万円	長期借入金300万円
※営業車を購入した（運用形態）	※銀行から借入した（調達源泉）

※車両運搬具＝資産に属する勘定科目、長期借入金＝負債に属する勘定科目

という仕訳を行います。

貸借対照表

▌財政状態を明らかにする決算書

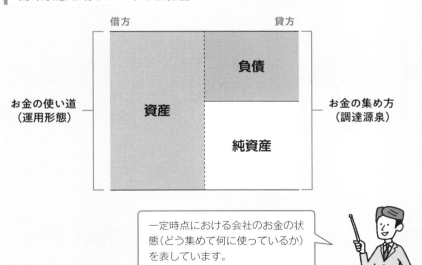

　一定時点における会社のお金の状態（どう集めて何に使っているか）を表しています。

経営成績を明らかにする損益計算書と「収益」「費用」

　損益計算書は会社の経営成績を明らかにする決算書です。ここでいう「経営成績を明らかにする」とは、会社の一事業年度において「商売の結果どれだけお金が増えたか」を表すことを意味します。具体的には、商売のために使ったお金を「費用」とし、商売の結果増えたお金を「収益」として表します。

　例えば「会社の現金100万円を使って仕入を行った」場合は、

借方	貸方
仕入高100万円	現金100万円
※お金が減少した理由	※お金が減少した事実

※仕入高＝費用に属する勘定科目

という仕訳を行います。

　また「仕入れた商品が150万円で売れて現金を受け取った」場合は、

借方	貸方
現金150万円	売上高150万円
※お金が増えた事実	※お金が増えた理由

※売上高＝収益に属する勘定科目

という仕訳を行います。

　そして、一事業年度分の収益と費用を集計し、収益から費用を差し引いた差額が利益として損益計算書に表示されます。損益計算書の利益が会社の経営成績を表しています。また、損益計算書で計算された利益は、貸借対照表の純資産へ連動し、繰越利益剰余金という勘定科目で表示されます。

豆知識　簿記の５つの要素のうち「純資産」については、2006年に会社法が施行される以前は「資本」と呼ばれていた。

損益計算書

> 経営成績を明らかにする決算書

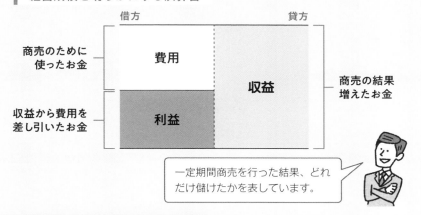

	借方	貸方	
商売のために使ったお金	費用	収益	商売の結果増えたお金
収益から費用を差し引いたお金	利益		

一定期間商売を行った結果、どれだけ儲けたかを表しています。

P.55の仕訳を行ったあとの財務状況

> 貸借対照表

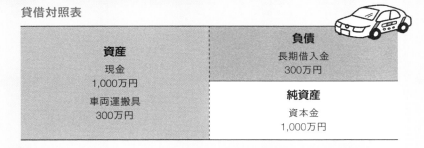

資産	負債
現金1,000万円	長期借入金300万円
車両運搬具300万円	純資産
	資本金1,000万円

財政状態

株主から1,000万円、銀行から300万円、合計1,300万円のお金を調達し、このうち1,000万円は現金で保有し、300万円は車両の購入に使っている。

Advice

資本取引と損益取引を混同しないように注意

　会社のお金が増える取引には、商売の元手としてのお金が増える「資本取引」と、商売の結果としてお金が増える「損益取引」があります。新株発行や銀行借入など資本取引でお金が増えた場合は貸借対照表で表し、商品を販売してお金が増えた場合は損益計算書で表します。両者を混同しないように、お金が増えた取引が資本取引なのか損益取引なのかを普段から意識して会計処理を行いましょう。

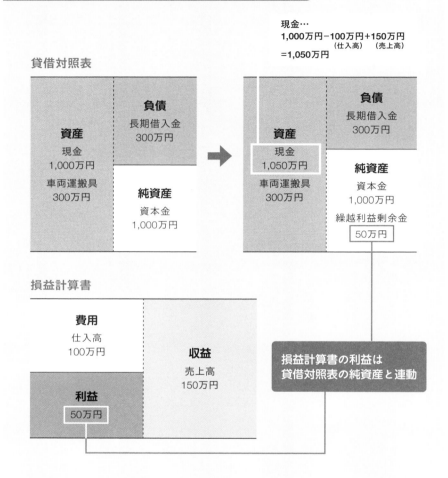

現金…
1,000万円−100万円+150万円
　　　　　（仕入高）　（売上高）
=1,050万円

貸借対照表

資産	負債
現金 1,000万円 車両運搬具 300万円	長期借入金 300万円
	純資産 資本金 1,000万円

資産	負債
現金 1,050万円 車両運搬具 300万円	長期借入金 300万円
	純資産 資本金 1,000万円 繰越利益剰余金 50万円

損益計算書

費用	収益
仕入高 100万円	売上高 150万円
利益 50万円	

損益計算書の利益は
貸借対照表の純資産と連動

貸借対照表と損益計算書の連動を意識して会計業務を行うようにしましょう。「損益計算書の利益がこれだけ増えたから貸借対照表はこうなるはず」というイメージが湧くようになると、ミスの防止や企画管理業務への応用が可能になります。

仕訳のルール

POINT
➡ 勘定科目は簿記の5つの要素のいずれかに属する
➡ 費用と収益は発生主義と実現主義に基づき計上

仕訳を行うときの4つのルール

複式簿記に基づく仕訳を行う際には、次のルールを意識するとよいでしょう。

①勘定科目は簿記の5つの要素のいずれかに属している

簿記には「資産」「負債」「純資産」「収益」「費用」の5つの要素があり、勘定科目はこの5つの要素のいずれかに属しています。また、各要素の残高（＝合計）を借方と貸方のどちらに表示するかは、それぞれ決まりがあります（P.60参照）。したがって、例えば資産の勘定科目である現金が増えた場合は借方へ仕訳しますが、現金が減った場合は貸方へ仕訳します。負債、純資産、収益、費用の勘定科目についても同様に、増えた場合は残高や合計を表示する側へ仕訳し、減った場合はその逆側へ仕訳します。

②仕訳の借方金額合計と貸方金額合計は必ず一致させる

1つの取引について、2つの側面から記載する複式簿記においては、借方の合計金額と貸方の合計金額は必ず一致させるルールとなっています。この場合、借方側と貸方側で仕訳の行数が異なっていたとしても、それぞれの金額の合計が一致していれば大丈夫です。

③仕訳は日付、勘定科目、消費税区分、金額、摘要の5つから構成される

仕訳を行う際には、「日付」「勘定科目」「消費税区分」「金額」「摘要」を記録します。このうち「消費税区分」とは、その取引に適用される消費税法上の課税区分と税率を仕訳の中に記載することを指します。例えば、コンビニエンスストアでボールペンとペットボトルのお茶を購入した場合、ボールペンの消費税区分は「課税仕入10%」として記録しますが、お茶は軽減税率の対象になるので「課税仕入8％軽減税率」として記録します（消費税については第3章で詳しく説明）。また、「摘

貸借対照表の要素

| 資産の増加
負債の減少
純資産の減少の
取引は借方に仕訳 | **借方**
資産の残高 | **貸方**
負債の残高
純資産の残高 | 資産の減少
負債の増加
純資産の増加の
取引は貸方に仕訳 |

下線は簿記の5つの要素であり、勘定科目はいずれかの要素に属しています。

損益計算書の要素

| 収益の減少
費用の増加の
取引は借方に
仕訳 | **借方**
費用の合計 | **貸方**
収益の合計 | 収益の増加
費用の減少の
取引は貸方に
仕訳 |

コンビニで110円の封筒と200円の収入印紙1枚を現金で購入した場合

借方		貸方	
消耗品費	110円	現金	310円
租税公課	200円		
借方合計	310円	貸方合計	310円

合計金額は必ず一致させる

会計ソフトを使う実務においては、1行1仕訳となるように貸方の現金を110円と200円の2行に分ける場合もあります。

要」には取引の具体的な内容を記載します。実務上は、消費税法における帳簿要件を満たすように記載します。

④「発生主義」と「実現主義」に従って仕訳を行う

簿記の5つの要素のうち、費用と収益の計上時期（＝仕訳の日付）については「発生主義」と「実現主義」の考え方に基づいて決まります。

発生主義とは、お金を払った時ではなく、お金を払う原因となった取引を行った際に費用を計上する、という考え方です。例えば、仕入高という費用は仕入代金を支払った時ではなく、仕入れた商品が当社の倉庫に到着した段階で計上するという考え方です（P.62参照）。

実現主義とは、お金を受け取った時ではなく、お金を受け取ることが確定した段階で収益を計上するという考え方です。具体的には、代金を受け取った時や注文を受けた時点で売上計上するのではなく、実際に商品を得意先に納品した時点で売上計上する、という考え方です（P.62参照）。

発生主義や実現主義で費用と収益を計上する理由は、正しい経営成績を表す利益を計算するためです。P.63の事例において、お金が増えたり減ったりした段階で収益や費用を計上する現金主義に基づき仕訳を行った場合、3月31日に売上高150万円が計上され、翌期の4月30日に仕入高100万円が計上されます。そうなると、実際には「100万円で仕入れて150万円で販売したので利益は50万円」という取引なのに、当期の損益計算書（決算日である3月31日までの仕訳を集計して作成）では「売上高150万円－仕入高0円＝利益150万円」と経営成績が過大表示されてしまいます。現代の会社が行う商売においては、モノやサービスの提供を行ったのち、お金のやりとりはあとで行う信用取引が一般的であり、こうした取引の実態に合わせて正しい経営成績が計算できるよう、費用は発生主義に基づき計上されます。

また**収益については、収益から費用を差し引いて求める利益について貨幣性資産の裏付けが必要になる**ため、注文を受けた時点ではなく、商品を納品して代金を受け取る権利が発生した時点で、収益を計上する実現主義に基づき計上されます。

豆知識

発生主義も実現主義もお金のやりとりの前に計上するが、お金を受け取る権利の確定まで収益の計上を待つ実現主義の方が、発生主義よりも確実性を重視している。

発生主義&実現主義と現金主義の仕訳例

前提：3月31日が決算日の会社

3月15日に100万円分の商品が自社の倉庫に入庫し、4月30日にその代金を普通預金から支払った。

この商品を150万円で売り出したところ3月20日に注文があり3月25日に客先へ納品され、3月31日に代金150万円が普通預金へ振り込まれた。

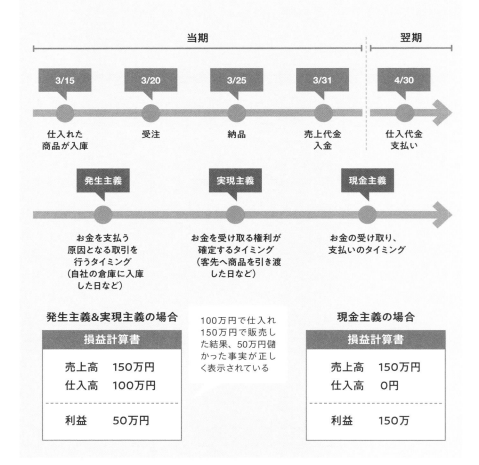

| 当期 | | | | 翌期 |

| 3/15 | 3/20 | 3/25 | 3/31 | 4/30 |

仕入れた商品が入庫 / 受注 / 納品 / 売上代金入金 / 仕入代金支払い

発生主義 / **実現主義** / **現金主義**

お金を支払う原因となる取引を行うタイミング（自社の倉庫に入庫した日など） / お金を受け取る権利が確定するタイミング（客先へ商品を引き渡した日など） / お金の受け取り、支払いのタイミング

発生主義&実現主義の場合

損益計算書	
売上高	150万円
仕入高	100万円
利益	50万円

100万円で仕入れ150万円で販売した結果、50万円儲かった事実が正しく表示されている

現金主義の場合

損益計算書	
売上高	150万円
仕入高	0円
利益	150万

現金主義の仕訳例

日付	借方		貸方	
3月15日	仕訳なし			
3月25日	仕訳なし			
3月31日	普通預金	150万円	売上高	150万円
4月30日	仕入高	100万円	普通預金	100万円

 当期
 翌期

発生主義&実現主義の仕訳例

日付	借方		貸方	
3月15日	仕入高	100万円	買掛金	100万円
3月25日	売掛金	150万円	売上高	150万円
3月31日	普通預金	150万円	売掛金	150万円
4月30日	買掛金	100万円	普通預金	100万円

当期
翌期

実務においては、発生主義&実現主義を踏まえた計上基準（第4章参照）を会社で定めておき、それに基づいて費用や収益の計上日付が決まります。したがって、自社が採用している計上基準を理解した上で会計業務を行うようにしましょう。

さまざまな勘定科目

➡ 実務上は会社ごとに勘定科目のルールがある
➡ 消費税区分は勘定科目ではなく取引内容で決まる

■ 勘定科目の選択は会社の経理規程に従う

　中小企業の会計業務で使用することが多い勘定科目について、貸借対照表で使用する勘定科目と損益計算書で使用する勘定科目に分けて、さらに簿記の5つの要素ごとに分類したものを紹介します。

　勘定科目とは、会社が行った取引を内容に応じて分類し、その取引内容ごとの金額を集計するためのものです。実際に行われた取引と異なる勘定科目を選んでしまうと、正しい取引金額が集計できません。特に、簿記の5つの要素のうち本来のその取引の要素とは別の要素に属する勘定科目を選んでしまう（例：借入金でお金が増えた取引なのに、貸方を負債ではなく収益科目で仕訳してしまう）と会社の実態とかけ離れた決算書になってしまうので注意が必要です。

　なお、実務においては勘定科目の使用ルールは会社ごとに異なります。したがって、**仕事として仕訳を行う際には、その会社が定めた経理規程に従い勘定科目を選択してください。**そういった規程がない場合は、今回の取引と似た取引を過年度の会計帳簿から検索し、そこで使用されている勘定科目を今回も使用するとよいでしょう。

　また、会計ソフトで仕訳入力を行う際には消費税区分も入力します。そのため、勘定科目ごとの典型的な消費税区分も紹介します。ただし、最終的な消費税区分は勘定科目ではなく、取引の内容で決まります。消費税について詳しくは第3章で述べますが、勘定科目ごとの消費税区分はあくまでも参考としてご覧ください。

豆知識　勘定科目のことを英語ではaccountといい、「a/c」と略して表す場合もある。

貸借対照表科目

資産

勘定科目	一般的な内容	一般的な消費税区分
現金	レジや金庫で保管している硬貨や紙幣＆通貨代用証券	対象外
小口現金	経費支払のために上記の現金とは別に管理している硬貨や紙幣	対象外
当座預金	当座預金口座の入出金を記録	対象外
普通預金	普通預金口座の入出金を記録	対象外
定期預金	定期預金口座の入出金を記録	対象外
受取手形	取引先が発行した手形を受け取った場合に使用する	対象外
売掛金	売上代金を後日受け取る場合に使用する	対象外
未収入金	売上代金以外で後日受け取るお金がある場合に使用する	対象外
貸倒引当金	決算業務で貸倒引当金を計上する場合に使用する	対象外
有価証券	売買目的で保有している有価証券	非課税
商品	期末時点の在庫商品	対象外
製品	（主に製造業で使用する）期末時点で在庫となる完成品	対象外
仕掛品	未完成品の原価	対象外
貯蔵品	未使用の郵便切手や収入印紙など	対象外
前渡金	仕入代金を先払いした場合に使用する	対象外
立替金	当社以外が負担すべき支払いを立て替えた場合に使用する	対象外
前払費用	将来のサービス提供を受けるための先払い（翌期以降分の家賃や2年分の火災保険料の一括払いなど）を行った場合に使用する	対象外
短期貸付金	取引先や社員に貸付期間1年以内でお金を貸した場合に使用する	対象外
仮払金	後日精算する出張仮払金や、内容不明の支払いをいったん仕訳する場合に使用する	対象外
預け金	車両購入時のリサイクル預託金など預けたお金	対象外
仮払消費税	消費税に関して税抜処理している場合に使用する。会計ソフトを使う場合は、元となった勘定科目を計上する際に選んだ消費税区分に応じて自動計上される	通常は対象外だが、使い方によって変わる

65

建物	当社が保有するビルや建屋、会社が借りている物件の内装工事など	取得時は課税仕入
建物附属設備	建物内部の電気設備、給排水設備、エレベーターなど	取得時は課税仕入
構築物	アスファルト舗装、緑化施設、塀など	取得時は課税仕入
車両運搬具	トラック、営業車、自転車など	取得時は課税仕入
工具器具備品	机、椅子、陳列棚、書庫、冷蔵庫、テレビなどの家具類、パソコン、スマートフォン、時計、金庫など	取得時は課税仕入
一括償却資産	法人税法施行令第133条の2の適用を受ける取得価額20万円未満の資産	取得時は課税仕入
土地	当社が保有する土地	非課税
建設仮勘定	建物、附属設備、構築物、車両運搬具、土地など固定資産の手付金を払う場合に使用する	対象外
ソフトウェア	業務用システムの取得価額など	取得時は課税仕入
投資有価証券	長期保有目的の有価証券	非課税
出資金	信用金庫への出資金など	対象外
差入保証金	会社が不動産を借りる際に差し入れた敷金や保証金	対象外
長期貸付金	取引先や社員に貸付期間1年超でお金を貸した場合に使用する	対象外
長期前払費用	会社が借りている不動産の礼金や権利金、更新料など税法上の繰延資産	土地と住宅に関するものは非課税。それ以外は課税仕入

負債

勘定科目	一般的な内容	一般的な消費税区分
支払手形	当社が手形を振り出した場合に使用する	対象外
買掛金	仕入の代金を後日支払う場合に使用する	対象外
未払金	仕入以外で代金を後日支払う場合に使用する	対象外
短期借入金	借入期間が1年以内の借入金	対象外
未払法人税等	これから申告＆納付する法人税、地方法人税、法人事業税、特別法人事業税、法人住民税を決算仕訳で計上する際に使用する	対象外
未払消費税等	これから申告＆納付する消費税を決算仕訳で計上する際に使用する	対象外
前受金	商品の手付金として先に代金を受け取った場合に使用する	対象外

仮受金	内容不明の入金をいったん仕訳する場合に使用する	対象外
預り金	給料を支払う際に天引きした源泉所得税や社会保険料など	対象外
長期借入金	借入期間が1年超の借入金	対象外
役員借入金	当社の役員からの借入や、会社の経費を役員が立て替えている場合に使用する	対象外
仮受消費税	消費税に関して税抜処理している場合に使用する。会計ソフトを使う場合は、元となった勘定科目を計上する際に選んだ消費税区分に応じて自動計上される	通常は対象外だが、使い方によって変わる

純資産

勘定科目	一般的な内容	一般的な消費税区分
資本金	（株式会社の場合）株主からの出資	対象外
資本準備金	株主からの出資のうち資本金に組み入れなかった金額	対象外
利益準備金	会社が配当を行う場合に会社法により計上が義務付けられているもの	対象外
繰越利益剰余金	会社設立時から現在まで各期の損益計算書の当期純利益（または当期純損失）の累積額のうち配当せずに内部留保した金額	対象外

損益計算書科目

収益

勘定科目	一般的な内容	一般的な消費税区分
売上高	当社の商品やサービスを販売した場合に使用する	商品やサービスの内容に応じて課税売上/非課税売上/輸出売上/対象外のいずれかになる
受取利息	預金や貸付金の利息	非課税売上
受取配当金	信用金庫からの出資配当金や株主として受け取る配当金	対象外
雑収入	従業員負担の社宅家賃、税金の還付、補助金、保険金など本業以外の収益	内容に応じて課税売上/非課税売上/対象外のいずれかになることが多い
固定資産売却益	建物や土地、車両などの固定資産を売却した際の売却益	売却対価が課税売上になる（ただし土地の場合は非課税）

費用

勘定科目	一般的な内容	一般的な消費税区分
仕入高	商品を仕入れた際に使用する	国内仕入の場合は課税仕入 輸入仕入の場合は輸入仕入 本体※
期首商品棚卸高	当期首の在庫商品	対象外
期末商品棚卸高	当期末の在庫商品	対象外
役員報酬	取締役など役員へ報酬を支払った際に使用する	対象外
給料手当	社員へ給料を支払った際に使用する	対象外
法定福利費	社会保険料のうち会社負担分	非課税仕入
福利厚生費	社内慶弔費、社員旅行、健康診断など	内容に応じて課税仕入／ 対象外のいずれかになる
外注費	外部業者へ業務委託した場合に使用する	課税仕入
荷造運賃	宅配便などの運送代	課税仕入
広告宣伝費	インターネット広告など宣伝の費用	課税仕入
交際費	取引先などへ対する接待、贈答など	内容に応じて課税仕入／ 対象外のいずれかになる
会議費	会議で使用する場所代や飲食代など	課税仕入
旅費交通費	電車、バス、タクシー、飛行機、レンタカーなど	国内旅費は課税仕入、 海外旅費は対象外
通信費	電話料金、インターネット料金など	課税仕入
消耗品費	10万円未満の備品代	課税仕入
修繕費	建物など固定資産の修理代	課税仕入
水道光熱費	電気代、ガス代、水道代	課税仕入
新聞図書費	書籍代、新聞代など	課税仕入
諸会費	業界団体や商工会などの会費	通常は対象外だが、対価性 がある場合は課税仕入
支払手数料	振込手数料、各種手数料	内容に応じて課税仕入/ 非課税仕入/対象外になる
車両費	車検整備代、ガソリン代、ETC料金など	内容に応じて課税仕入／ 対象外のいずれかになる
地代家賃	当社が借りている不動産の賃料	土地の地代や住居家賃は非 課税仕入/事務所や店舗の 家賃は課税仕入
リース料	コピー機など事業用資産のリース料など	課税仕入
保険料	自動車保険、損害賠償保険などの保険料	非課税仕入

※輸入消費税の処理が別途必要

租税公課	自動車税、固定資産税、収入印紙、行政手数料など	対象外
支払報酬料	税理士報酬、弁護士報酬など士業への報酬	課税仕入
寄付金	神社仏閣への寄贈金、災害義援金、福祉団体への寄付など	対象外
減価償却費	減価償却手続に伴い計上される	対象外
長期前払費用償却	長期前払費用を償却する際に計上される	対象外
貸倒損失	売掛金など債権が貸倒れた際に使用する	課税売上貸倒
貸倒引当金繰入	決算業務で貸倒引当金を計上する場合に使用する	対象外
雑費	少額かつ他の勘定科目に当てはまらない支出	内容に応じて課税仕入／非課税仕入/対象外のいずれかになる
支払利息	借入金などの利息を支払った際に使用する	非課税仕入
雑損失	本業以外の費用	内容に応じて課税仕入／非課税仕入/対象外のいずれかになる
固定資産売却損	建物や土地、車両などの固定資産を売却した際の売却損	売却対価が課税売上になる（ただし土地の場合は非課税）
法人税、住民税及び事業税	法人税、地方法人税、法人事業税、特別法人事業税、法人住民税を計上する際に使用する	対象外

※今回の一覧表では、消費税区分のうち不課税取引については「対象外」で統一して表記しています。
会計ソフトによっては「対象外売上」「対象外仕入」「不課税」など区別している場合もありますが、どの消費税区分で入力しても、最終的な消費税申告額は同じです。したがって、実務を行う際にどこまで分けて入力するかは、その会社のルールに従って処理してください。

「資産」「負債」「純資産」科目の内容はどの会社でもおおむね同じですが、「収益」「費用」科目の内容は会社によって異なる場合もあります。

Advice

勘定科目の訂正方法

会計ソフトへ勘定科目を間違えて仕訳入力をした場合、「当初の仕訳を直接修正する方法」と「当初の仕訳の訂正仕訳を新たに追加する方法」がある。上場企業は、過去の履歴が残らない前者の方法は禁止されていることが多いです。

帳簿の種類と記帳の流れ

■ 記帳の流れの中で人が入力している部分を意識する

経理が行う会計業務は、会社が行った取引を複式簿記のルールに基づき仕訳することでスタートします。具体的には、取引の証拠となる書類に基づき伝票へ仕訳を行います（右ページ参照）。作成された伝票の内容は仕訳帳へ転記されます。なお、仕訳の作成者が1人しかいない小規模な会社や、会計事務所の担当者が顧問先の仕訳入力を行う場合は直接仕訳帳へ仕訳を行う場合もあります。

仕訳帳の内容を勘定科目別に集計して作成されるのが総勘定元帳です。したがって、仕訳帳か総勘定元帳を見れば会計業務で記録された取引のすべてを確認できる、という状態になります。また、預金出納帳や売掛金元帳などの補助簿については、会社ごとに必要性を判断し作成していきます。

総勘定元帳の科目ごとの残高を一カ所にまとめた表が残高試算表です。そして、残高試算表の内容を会社外部の利害関係者（株主や債権者）向けにわかりやすく表したものが決算書になります。

このように会社の取引を複式簿記のルールで仕訳して会計帳簿へ記録することを記帳といいます。以前は人が紙の伝票へ記入したものを手書きで会計帳簿へ転記していましたが、現在は会計ソフトへ仕訳を入力するか、ほかの業務システムからデータを取り込むと、その先の会計帳簿の大部分は自動で作成されます。実際に会計業務を行う際には、**一連の記帳の流れの中でどの部分を人が入力し、どの部分が自動化されているのか理解して作業を進めることが重要です。**

キーワード

電子帳簿保存法：領収書や請求書といった取引の証拠となる書類や、会社が作成した帳簿や決算書を紙ではなくデータで保存する際のルールを定めた法律。

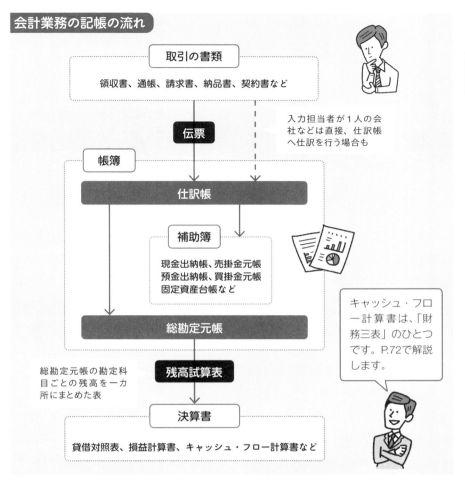

会計業務の記帳の流れ

取引の書類

領収書、通帳、請求書、納品書、契約書など

入力担当者が1人の会社などは直接、仕訳帳へ仕訳を行う場合も

伝票

帳簿

仕訳帳

補助簿

現金出納帳、売掛金元帳
預金出納帳、買掛金元帳
固定資産台帳など

キャッシュ・フロー計算書は、「財務三表」のひとつです。P.72で解説します。

総勘定元帳

総勘定元帳の勘定科目ごとの残高を一カ所にまとめた表

残高試算表

決算書

貸借対照表、損益計算書、キャッシュ・フロー計算書など

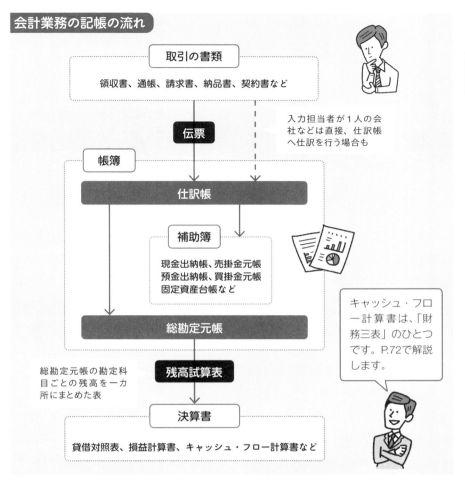

Advice

会社が導入しているITシステムの全体像を理解しよう

　現在の会社においては、さまざまなITシステムが導入されていることが一般的です。どの会社でも行う経理や人事向けのシステムに加えて、業種ごとに必要なシステム（生産管理システム、販売管理システムなど）を導入し、業務効率化とデータに基づく経営判断に役立てています。その結果、以前はすべて紙の書類に基づき経理部員が手作業で行っていた会計業務の大部分が、データ連携により自動的に処理されるようになっています。現在の経理業務においてより付加価値の高い仕事をするためには、簿記の知識だけではなく、自社のITシステムの正しい理解も必須となっています。

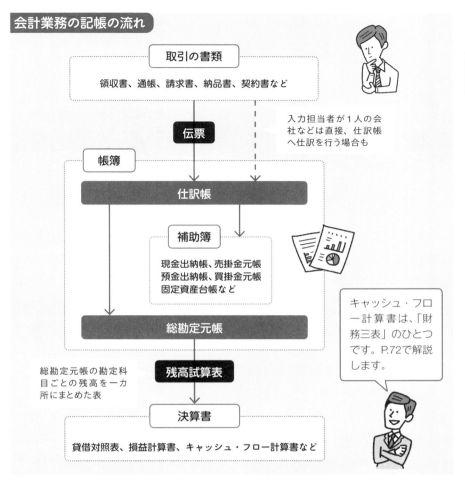

財務三表の基本

➡財務三表同士のつながりをイメージできるようにする
➡各決算書の形式には意味があることを理解する

■ 中小企業の決算書は会社法における「計算書類」

　経理は、日々行ってきた会計業務の1年間の総仕上げとして、複式簿記のルールで記録した会計帳簿をもとに決算書を作成します。決算書は会社の業績を会社外部の利害関係者にわかりやすく説明することを目的とする、制度会計のルールに従って作成します。制度会計には大きく分けて会社法会計と金融商品取引法会計があり、それぞれ決算書の範囲が異なります（右ページ参照）。中小企業の場合は会社法会計に従って決算書を作成することが求められるので、「貸借対照表」「損益計算書」「株主資本等変動計算書」「個別注記表」を作成します。

　なお、決算書のうち「貸借対照表」「損益計算書」「キャッシュ・フロー計算書」の３つを特に「財務三表」といいます。このうち「キャッシュ・フロー計算書」は会社法会計では作成が義務付けられているものではないため、実務上は作成しない中小企業も多く存在します。ただ、「中小企業の会計に関する指針」では「会社の経営実態を正確に把握するとともに、金融機関や取引先からの信頼性の向上を図るため、キャッシュ・フロー計算書を作成することが望ましい」とされています。

■ 各決算書類のつながりをイメージできるようにする

　財務三表である「貸借対照表」「損益計算書」「キャッシュ・フロー計算書」に「株主資本等変動計算書」を加えた４つの決算書のつながりは74ページの図解のとおりです。一定時点（＝決算日時点）における財政状態を表す「貸借対照表」項目の前期末から当期末にかけての増減内訳を示す書類として「損益計算書」「キャッシュ・フロー計算書」「株主資本等変動計算書」が存在する、とイメージする

とよいでしょう。具体的には、貸借対照表のうち純資産の部の増減内訳を示す役割を「株主資本等変動計算書」が担っています。また「株主資本等変動計算書」の中の繰越利益剰余金の増減内訳は「損益計算書」で示されています。それから「キャッシュ・フロー計算書」は「貸借対照表」の現金及び預金の増減内訳を示す決算書になります。

制度会計のルール

非上場の中小企業の場合、会社法会計に従って「計算書類」と呼ばれる決算書を作成する必要があります。

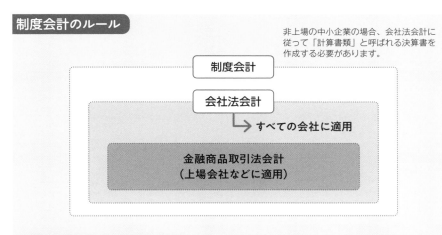

財務三表と決算書のつながり

財務三表のうち貸借対照表と損益計算書は、会社法会計、金融商品取引法会計のいずれにおいても作成が求められていますが、キャッシュ・フロー計算書は金融商品取引法会計でのみ作成が求められています。

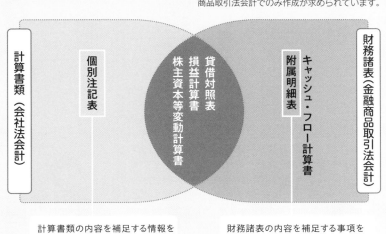

計算書類の内容を補足する情報を一覧にまとめた書類

財務諸表の内容を補足する事項を記載した書類

財務三表と株主資本等変動計算書のつながり

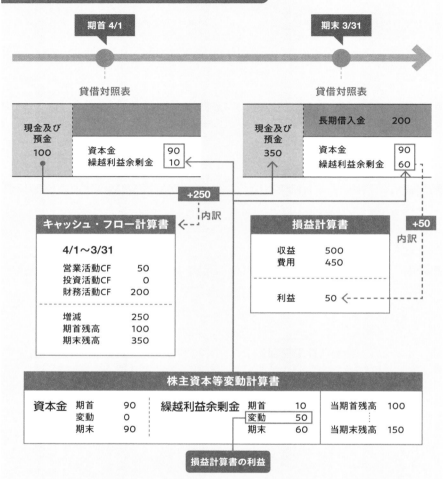

| 期首 4/1 | | | | 期末 3/31 | |

貸借対照表（期首 4/1）

| 現金及び預金 100 | 資本金 | 90 |
| | 繰越利益余剰金 | 10 |

貸借対照表（期末 3/31）

現金及び預金 350	長期借入金	200
	資本金	90
	繰越利益余剰金	60

+250 内訳

キャッシュ・フロー計算書

4/1～3/31

営業活動CF	50
投資活動CF	0
財務活動CF	200
増減	250
期首残高	100
期末残高	350

損益計算書

収益	500
費用	450
利益	50

+50 内訳

株主資本等変動計算書

資本金	期首	90	繰越利益余剰金	期首	10	当期首残高	100
	変動	0		変動	50		
	期末	90		期末	60	当期末残高	150

損益計算書の利益

4月1日時点の貸借対照表の金額から3月31日時点の貸借対照表の金額への増減理由を示しているのが、損益計算書（繰越利益剰余金の増減理由）、キャッシュ・フロー計算書（現金及び預金の増減理由）、株主資本等変動計算書（純資産の増減理由）になります。

貸借対照表は流動性配列法に従って区分表示する

貸借対照表は英語表記でBalance Sheetといい、経理の現場では「B/S」と呼ぶこともあります。**貸借対照表は一定時点における会社の財政状態を示す決算書であり、資産、負債、純資産の3つ要素から構成されています。**貸借対照表は原則として「流動性配列法」という考えに従って区分表示します（P.76参照）。流動性配列法とは、貸借対照表の各項目を流動性の高いものから順に配列するという考え方です。ここでいう「流動性が高い」とは資産の場合は換金性が高いという意味で、負債の場合は支払いまでの期間が短いという意味です。

「流動性配列法」で区分表示する理由は、外部利害関係者が貸借対照表を見た際に財務安全性（＝会社のお金が足りているかどうか）の判断がしやすくなるためです。例えば、1年以内に返済しなければならない借入金があったとして、その返済原資となる現金及び預金や、近日中に回収することで換金される予定の売掛金などとともに、貸借対照表の上のほうへ並べて表示することで、外部利害関係者は現時点で返済原資が足りているかどうかがわかりやすくなり、追加で出資や融資をすべきかどうかの判断を正確に行うことができます。

損益計算書は区分表示の原則に従って表示する

損益計算書は英語表記でProfit and Loss Statementといい「P/L」と呼ぶこともあります。**損益計算書は一定期間における経営成績を表す決算書であり、収益から費用を差し引いて利益を計算する構造になっています。**複式簿記のルールでは借方に費用を仕訳し、貸方に収益を仕訳したうえで、貸借の差額で利益を求めますが、外部利害関係者向けの決算書である損益計算書においては、よりわかりやすく経営成績を表すために区分表示の原則に従って損益計算書を作成します（P.77参照）。

区分表示の原則とは、収益と費用を「本業により生じたもの」「本業に付随する財務金融活動により生じたものと、本業以外で毎年生じるもの」「臨時で発生したものと、過去の修正項目」の3つのグループに分けて、それぞれの段階ごとの利益を損益計算書で表示する考え方です。区分表示の原則に従って表示することで、会社の利益がどんな活動で生み出されているのか（本業が好調なのか、それとも臨時的に発生した利益で黒字になったのかなど）がわかりやすくなります。

流動性配列法で区分表示した貸借対照表

資産の部=運用形態（集めたお金の使い道）を示している

貸借対照表は、原則として「流動性配列法」（=換金しやすいものほど上に表示する方法）に従って区分表示されている

換金しやすいものかどうかは「正常営業循環基準」と「１年基準」から判断する

貸借対照表
○○年3月31日現在

資産の部	負債の部
流動資産 ●現金及び預金 ●売掛金 ●短期貸付金 ⋮	**流動負債** ●買掛金 ●未払金 ●短期借入金 ⋮
固定資産 **有形固定資産** ●建物 ●車両運搬具 ●工具器具備品 ⋮ **無形固定資産** ●ソフトウェア ⋮	**固定資産** ●長期借入金 ⋮

純資産の部

株主資本

資本金
⋮

利益余剰金
●その他利益余剰金
　繰越利益余剰金

投資その他の資産
●出資金
●長期前払費用
●長期貸付金
⋮

繰延資産
●開発費
⋮

負債の部と純資産の部=調達源泉（お金の集め方）を示している

正常営業循環基準とは、企業の本業（商品を製造もしくは仕入れて、それを販売し代金を回収する）を行う過程において直接的に生じる資産や負債はすべて流動項目に表示する、という基準です。具体的には売掛金、商品、買掛金などが該当します。

※１年基準とは、貸借対照表日＝決算日の翌日から起算して、１年以内に入金または支払いの期限が到来する資産や負債を流動項目に表示し、１年を超えて入金または支払いの期限が到来するものを固定項目に表示する、という基準。例えば、１年以内に返済する借入金は流動負債に表示し、１年を超えて返済する借入金は固定負債に表示する。

区分表示の原則に従って作成した損益計算書

損益計算書 ○○年4月1日～○○年3月31日

科目	金額	
売上高		
売上高	XXX	
売上高計		XXX
売上原価		
期首商品棚卸高	XXX	
当期商品仕入高	XXX	
期末商品棚卸高	XXX	
売上原価計		XXX
売上総利益		XXX
販売費及び一般管理費		
販売費及び一般管理費　計		XXX
営業利益		XXX
営業外収益		
受取利息	XXX	
雑収入	XXX	
営業外収益　計		XXX
営業外費用		
支払利息	XXX	
雑損失	XXX	
営業外費用　計		XXX
経常利益		XXX
特別利益		
固定資産売却益	XXX	
特別利益　計		XXX
特別損失		
固定資産除却損	XXX	
特別損失　計		XXX
税引前当期純利益		XXX
法人税、住民税及び事業税		XXX
当期純利益		XXX

「当期純利益」の金額は貸借対照表の繰越利益剰余金の金額を増加させる

区分表示の原則

区分	P/L項目名	内容	具体例
営業損益計算	売上高 売上原価 販売費及び一般管理費	企業本来の営業活動（≒本業）により生じた収益と費用	●売上高　●仕入高 ●給料手当など人件費 ●交際費、広告宣伝費など販売促進費用 ●地代家賃、水道光熱費など維持管理費用
	営業利益	企業本来の営業活動の成果	
経常損益計算	営業外収益 営業外費用	●企業本来の営業活動（≒本業）に付随する財務・金融活動により生じた収益と費用 ●本業以外で毎年生じる収益と費用	●受取利息　●受取配当金 ●為替差益または為替差損 ●雑収入　●支払利息　●雑損失
	経常利益	企業の正常な収益力を表す	
純損益計算	特別利益 特別損失	●臨時的な収益と費用 ●前期損益修正項目（実務上、金額僅少の場合は、経常損益計算の区分に表示することも多い）	●固定資産売却益または固定資産売却損 ●固定資産除却損 ●災害損失 ●前期損益修正益または前期損益修正損
	当期純利益	企業の期間的な処分可能利益	

黒字倒産を防ぐキャッシュ・フロー計算書

　現金取引が中心だった時代の損益計算書の利益は、会社が一定期間商売をすることでどれだけお金を増やしたかを示していました。しかし、信用取引が一般的である現代においては、発生主義や実現主義の考えに基づき、実際にお金が増減するよりも早いタイミングで費用や収益を計上することが多いため、利益が必ずしもそのまま増えたお金を表さなくなりました。その結果、損益計算書では利益が出ているのに、資金繰りが悪化して倒産してしまう「黒字倒産」という現象が起きるようになりました。そこでお金の増減理由に着目した、新たな決算書としてキャッシュ・フロー計算書が作成されるようになりました。

　キャッシュ・フロー計算書は、お金の増減理由を「営業活動≒本業による増減」「投資活動≒設備投資などによる増減」「財務活動≒借入による増減」の3つに区分し表示します（表示方法はP.79参照）。このように区分することで、会社のお金の増減理由が明確になります。例えば、貸借対照表の現金及び預金が前期末より増えている場合でも、キャッシュ・フロー計算書を見ると「営業活動によるキャッシュ・フロー」がマイナスで「財務活動によるキャッシュ・フロー」がプラスの場合は、借金して一時的にお金が増えているだけなので、この状態が続くといずれ資金繰りが悪化していきます。キャッシュ・フロー計算書があれば、このような場合は本業の収益性を高めて営業活動によるキャッシュ・フローをプラスにし、そこから借入金の返済ができるような経営をしていく必要がある、といった判断に役立ちます。

　金融商品取引法会計に従う必要がある上場企業はキャッシュ・フロー計算書を決算で必ず作成しますが、中小企業の場合は任意となります。しかし、キャッシュ・フロー計算書を作ることで、会社のお金がどういう理由で増減しているかが明確になります。したがって簡易的なものでかまわないので会社内部向けの資料として作成したほうがよいでしょう。

Advice

中小企業が作成する場合

　中小企業の場合、貸借対照表の現金及び預金の期首→期末の増減額と、キャッシュ・フロー計算書で求めた増減額が、千円単位や万円単位で一致する程度の精度で作成すれば充分でしょう。

間接法で表示したキャッシュ・フロー計算書

キャッシュ・フロー計算書 ○○年4月1日～○○年3月31日

Ⅰ 営業活動によるキャッシュ・フロー

税引前当期純利益	×××
減価償却費	×××
受取利息及び受取配当金	×××
支払利息	×××
売掛金の増減	×××
棚卸資産の増減	×××
買掛金の増減	×××
・	
・	×××
小計	×××
利息及び配当金の受取額	×××
利息の支払額	×××
・	
・	
法人税等の支払額	×××
営業活動によるキャッシュ・フロー	×××

Ⅱ 投資活動によるキャッシュ・フロー

有形固定資産の取得による支出	×××
貸付金の回収による収入	×××
・	
・	×××
投資活動によるキャッシュ・フロー	×××

Ⅲ 財務活動によるキャッシュ・フロー

長期借入れによる収入	×××
長期借入金の返済による支出	×××
・	
・	×××
財務活動によるキャッシュ・フロー	×××
Ⅳ 現金及び現金同等物の増減額	×××
Ⅴ 現金及び現金同等物の期首残高	×××
Ⅵ 現金及び現金同等物の期末残高	×××

区分	内容	具体例
営業活動によるキャッシュ・フロー	①営業損益計算の対象となる取引のキャッシュ・フロー ②投資活動キャッシュ・フロー及び財務活動キャッシュ・フロー以外のキャッシュ・フロー ③利息及び受取配当金に係るキャッシュ・フロー ④法人税等に係るキャッシュ・フロー	●商品やサービスの販売収入 ●商品やサービスの購入支出 ●役員や従業員の人件費 （小計以下で） ●利息の支払いによる支出 ●利息の受取による収入 ●配当金の受取による収入 ●法人税等の支払いによる支出
投資活動によるキャッシュ・フロー	固定資産の取得及び売却、投資有価証券の取得及び売却、貸付と回収によるキャッシュ・フロー	●有形・無形固定資産の取得支出 ●有形・無形固定資産の売却収入 ●投資有価証券の取得支出 ●投資有価証券の売却収入 ●貸付による支出 ●貸付の回収による収入
財務活動によるキャッシュ・フロー	資金の調達及び返済によるキャッシュ・フロー	●株式の発行による収入 ●配当金の支払いによる支出 ●借入による収入 ●借入の返済による支出

●期首残高は前期末貸借対照表の現金及び預金の金額と一致する
●期末残高は当期末貸借対照表の現金及び預金の金額と一致する
●増減額は、当期末現金及び預金から前期末現金及び預金を差し引いた金額と一致する

営業活動のキャッシュ・フローの表示方法には「直接法」と「間接法」がありますが、上記例では実務上採用されることが多い「間接法」で表示しています。「直接法」は現金収入や現金支出を直接計算する方法となります。

第 **2** 章 簿記の基本

専門知識の習得方法

　経理業務は法令や会計基準に関する専門知識を習得する必要があります。ここでは、これらの知識を習得する方法を紹介します。

■ 資格の受験勉強を利用する

　経理業務に関連する資格を取得できれば自分自身のキャリアアップに役立ちますし、受験勉強で得た知識は実務でも役立ちます。

①日商簿記検定試験

　日本商工会議所が行っている簿記検定試験です。従来からある1〜3級に加えて、近年は「簿記初級」「原価計算初級」という試験も実施しています。1級は難易度が高いので、まずは2級合格までを目標に取り組むとよいでしょう。

②税理士試験

　科目ごとに試験が実施され、必須科目を含む5科目に合格すれば試験合格となります。合格科目を履歴書に記載して1つの資格のようにアピールすることも可能です。科目ごとの合格率は10〜20%程度で、合格まで10年以上かかる場合もあります。

③公認会計士試験

　会計分野では国内最高峰の資格試験です。合格すれば監査法人で監査業務を行うこともでき、組織内会計士として事業会社の経理部門責任者の立場で働く人もいます。試験は短答式試験と筆記の論文式試験からなります。短答式試験に合格したらその年、翌年、翌々年までに年1回の論文式試験に合格しなければならないため、集中的に取り組んで合格を目指す人が多い資格です。

■ 専門学校の実務講座を利用する

　税理士試験や公認会計士試験の対策講座を開設している専門学校では、実務に特化した講座も開設しています。試験対策講座に比べて料金も安いので「受験は予定していないが実務知識は学びたい」という場合におすすめです。

第3章

日々の経理業務

第3章では、日々の経理業務について解説しています。会社はルールに則って、お金の出し入れを行っています。現金管理や経費精算などは残高との不一致がないように注意しましょう。また、経理担当者は消費税をはじめとした、さまざまな税金への理解も不可欠です。

Q&Aでわかる！

日々の経理業務に関する疑問

第3章では日々の経理業務についてまとめています。現金の管理や経費精算時の注意点などを確認しましょう。

社長のAさん

Q.1

現金の実地残高と帳簿残高が合わないことが多く、困っています……。

A. 現金管理のコツは、「取引のたびに記録をする」「小口現金に分けて管理をする」、最終的には「現金の取り扱いをやめる」ことです。現金を取り扱う機会が多いほど実地残高と帳簿残高が合わない可能性は高まります。現金取引を必要最小限にすることを目標に業務フローを検討するとよいでしょう。

➡ 詳しい内容はP.84・86をチェック！

Q.2

小切手と手形は何が違うのですか？

経理部のBさん

A. 決済手段として利用される紙の証券である点は同じです。どちらも当座預金口座を開設し、小切手帳や手形帳を購入して振り出します。小切手は振り出し日以降であれば換金できるのに対し、手形は支払期日まで換金できない点、手形のみ額面金額に応じた印紙税の負担が必要な点が異なります。

➡ 詳しい内容はP.92・94をチェック！

Q.3

不正や税務リスクを回避するために、社員の立替経費や仮払いの精算で注意すべき点はありますか？

課長のCさん

A.　経費の水増し請求など、不正を防ぐための業務フロー（精算金額や精算回数に応じた複数人による決裁フローなど）を整備してルールを守らせましょう。また、2023年10月以降はインボイス制度上必要となる領収書等を提出させることも大切です。精算が大幅に遅れて翌期になると税務上の問題が生じることもあるため、精算が遅い社員のフォローも必要です。

➡ 詳しい内容はP.100をチェック！

- -

経理部のDさん

Q.4

税金の金額の計算も経理の仕事ですが、会社が支払う税金にはどんなものがありますか？

A.　「自社で計算した金額を納付する税金」と「国や自治体が計算した金額を納付する税金」の2種類があります。前者には法人税、消費税、法人事業税、法人住民税などがあり、後者には固定資産税、自動車税、不動産取得税などがあります。法人税や消費税など、自社で計算する税金の業務は経理の重要な仕事のひとつです。経理部門だけで計算できない場合は税理士へ外注する形で対応することが多いです。

➡ 詳しい内容はP.104をチェック！

現金・預金の種類と勘定科目

➡ 勘定科目「現金」には貨幣や紙幣以外も含まれる
➡ 会社が扱う預金の種類を知っておく

◢ 貸借対照表における「現金及び預金」の中身

　会社の財政状態を表す貸借対照表の最初には「現金及び預金」という科目が表示されます。「現金及び預金」とは仕訳を行う際の勘定科目ではなく、いくつかの勘定科目の残高を合計表示する貸借対照表上の表示科目です。中小企業の場合、「現金及び預金」として合計表示される勘定科目には「現金」「小口現金」「普通預金」「当座預金」「定期預金」「定期積金」があります。

　「現金」とは、文字どおり会社が金庫やレジで保管している日本円やアメリカドルなどの貨幣や紙幣のことを指します。それに加えて、会社が受け取ってまだ銀行へ持ち込んでいない小切手や、定額小為替などの郵便為替証書でまだ郵便局へ持ち込んでいないものなど、すぐに現金化できるものも会計業務では「現金」として扱います。

　「小口現金」とは、「経費支払い専用の現金」と考えるとわかりやすいでしょう。「小口現金」を支払い専用の現金として「現金」とは別で管理することで、実際の現金残高と会計帳簿上の残高を一致させやすくなります（小口現金についてはP.88で詳解します）。

　「普通預金」とは、個人が給与受け取りなどのために開設する銀行口座と同じ種類のものです。通帳が発行され、預けた残高に応じた利息がつきます。

　「当座預金」とは、会社が小切手や手形を振り出す場合に開設が必要な銀行口座です。普通預金と違って利息がつかず、通帳も発行されません。主に決済用の

豆知識
　小切手や手形を発行しない会社の場合、当座預金口座を開設していない場合もある。

口座として利用されます。

　「定期預金」「定期積金」はどちらも貯蓄用の銀行口座です。**一度にまとめて預け入れするものを「定期預金」、毎月決まった金額を積み立てていくものを「定期積金」といいます。**満期日までは引き出さない条件がある一方で、利息や給付金といった部分が普通預金よりも優遇されています。

現金及び預金の中身

現金	現金	貨幣、紙幣といった通貨そのものと、すぐに現金化できるもの※
	小口現金	経費支払専用の現金として、通常の「現金」とは別に管理しているもの
預金	普通預金	個人が開設する普通預金口座と同じ種類の預金 年2回（一部のインターネット専業銀行では毎月）利息が支払われる
	当座預金	会社が小切手や手形を振り出す場合に開設が必要となる口座 当座勘定照合表が通帳の代わりに発行される 会社の決済用の口座として利用されることが多い 法律の定めにより利息はつかない
	定期預金	まとまった金額を一括して満期まで預けることで普通預金よりも利息がたくさんつく預金
	定期積金	満期日まで定期的に一定金額を積み立てる仕組みの金融商品 普通預金に比べて利回りがよい

※すぐに現金化できるものの例
- 会社が受け取った小切手（他人振出小切手）
- 定額小為替など郵便為替証書
- 配当金領収証（会社の出資先から発行されるもので、郵便局などへ持参すると配当金を受け取ることができる）

> 現金と預金に関する勘定科目の残高が現実の残高と一致するように入力を行うことは会計業務の基本中の基本です。

Advice

勘定科目と決算書の表示科目

　現金や預金を表す勘定科目には「現金」「小口現金」「当座預金」「普通預金」「定期預金」「定期積金」などさまざまな種類があります。また複数の金融機関に普通預金口座を開設している場合は「普通預金」の補助科目として「〇銀行△支店口座番号××」などと設定し、金融機関の口座別に仕訳を入力して残高が通帳のそれと一致するようにします。一方、決算書上は貸借対照表の「現金及び預金」として各勘定科目の残高を合計した金額で表示されます。

現金残高の確認と
現金出納帳の記録

➡ 現金の入出金は「毎日」記録することが重要
➡ すぐに伝票起票できない場合は出納帳へ記録する

現金残高の管理には細心の注意を払う

　現金残高の管理は経理の最も基本的な仕事のひとつです。**毎日の現金の出入り**
を会計帳簿へ記録し、実際の現金残高と会計帳簿上の残高を必ず一致させる必要
があります。

　現金の入出金をもれなく記録するだけの簡単な仕事のイメージがありますが、
実務の現場では現金残高と帳簿上の残高が一致せず、原因究明に時間がかかる場
合があります。不一致の原因としてよくあるのは「お金を先に払って、それに紐
づく会計伝票をまだ起票していない」「実際に払ったお金の金額と会計伝票の金
額が異なっている」などです。したがって、まずはそこを疑います。

　この場合に1週間分や1カ月分をまとめて記録する業務フローでは、不一致の
原因を探る場合にその期間の現金取引すべてを確認する必要が出てきてしまいま
す。**現金取引についてはできるだけ短い期間（できれば日次）で記録を行い、不**
一致がある場合はその短い期間内の取引をすぐ確認する、という仕組みを作って
おくべきです。

　また、補助簿である現金出納帳へ毎日記録をつけることも残高一致のためには
有効です。現金のやりとりと同時に伝票を起票し、仕訳を会計ソフトへ反映でき
るシステムや業務フローが導入されている場合は、会計ソフトが作成する現金出
納帳が確認作業で使えます。そういった環境がない場合は、現場で現金残高を管
理するための簡易な現金出納帳を用意し、そこへ日々記録することをおすすめし
ます。現場で現金出納帳をつけ、それをもとに伝票を起票し、仕訳帳へ入力する、
という流れで業務を行うイメージです。市販のレジシステムを利用する方法や、
右ページのような現金出納帳をエクセルで作成して日々入力する方法があります。

現金出納帳の例

第**3**章 日々の経理業務

簿記の知識がない現場の社員が記録する場合は、相手勘定科目欄は省略してもよい

収入金額欄、支出金額欄ともに消費税込の実際の入金額、出金額を記録

日付	相手勘定科目	摘要	収入金額	支出金額	残高
9月1日		前月繰越			555,000
9月1日	売上高	本日現金売上	110,000		665,000
9月1日	仕入高	㈱○○　現金仕入		3,520	661,
9月1日	旅費交通費	8/31　社長　タクシー代		3,300	658,
9月2日	売上高	本日現金売上	132,000		790,
	仕入高	○○商店　現金仕入		33,000	757,
	交際費	9/1　居酒屋○○ 営業部接待（取引先△△）		112,750	644,
	普通預金	預け入れ		540,000	104,430
	売上高	本日現金売上	187,000		291,430
	会議費	9/3　スーパー○○ 月次経営会議用　お茶		540	290,890
・・・	・・・	・・・	・・・	・・・	・・・
9月15日	買掛金	○○㈱　8月15日締買掛金現金払い		143,000	127,000
9月15日	現金過不足	9/15　残高不一致	20		127,020
・・・	・・・	・・・		・・・	・・・
9月25日	普通預金	現金引き出し	2,000,000		2,
9月25日	給料手当	9月15日締　給料現金支給		2,056,843	
・・・		・・・		・・・	・・・
9月30日	売上高	本日現金売上	352,000		
9月30日	買掛金	㈲○○　8月末締買掛金現金払		605,000	
9月30日	地代家賃	○○エステート 営業車月極駐車場10月分		82,500	
9月30日	消耗品費	9/28　○○電気　パソコン2台		130,000	108,301
9月30日		9月合計	5,668,441	5,560,140	108,301

領収書の日付は摘要欄に記載し、現金出納帳の日付欄には実際に会社のお金が動いた日を記録

その日最後の残高欄の金額は、実際の現金残高と必ず一致させる

実際の現金残高と出納帳の残高が合わず原因が不明の場合は、いったん現金過不足勘定で実際残高に合わせる

実際残高＜帳簿残高の場合　　　　**実際残高＞帳簿残高の場合**

雑損失 XXX ／現金 XXX　　　　　　現金 XXX ／雑収入 XXX

※この場合の「雑損失」「雑収入」の消費税コードは「対象外」を選択します。

Advice

現金過不足

　現金の実際残高と帳簿残高が一致せず、原因がすぐに判明しない場合は「現金過不足」という名目でいったん帳簿残高を実際残高に一致させましょう。原因がわからないからといってそのまま次の日の記入を続けると、いつから実際残高と一致していないのかが帳簿上わからなくなってしまいます。現金過不足についてはできれば当月中に原因を追究し、どうしてもわからない場合は上司へ報告し社内の決裁を経て「雑損失」あるいは「雑収入」として月次決算で仕訳を入れておきましょう。

小口現金の管理と
小口現金出納帳の記録

➡ 小口現金は少額の現金を前渡しして管理する
➡ 現場に任せきりにせず経理部門のフォローも重要

小口現金制度で現金残高の管理がしやすくなる

　預金の入出金はその都度銀行が記録してくれるため、あとから通帳を見れば履歴がわかりますが、現金の場合は会社の誰かが入出金の記録をつけないと、あっという間に残高の不一致や使途不明金が発生してしまいます。そこで記録をつけやすくする工夫のひとつとして小口現金制度があります。

　小口現金とは、経理部門で管理する現金とは別に、経費支払い専用の現金として現場で管理している現金です。よくある運用方法としては、月初めにあらかじめ決めた残高になるよう、経理部門から営業所や店舗へ小口現金を前渡しして、現場はそれを使って日々の経費精算を行います。現場の事務担当者は小口現金を払い出すたび「小口現金出納帳」へ記録し、実際残高と小口現金出納帳の残高が毎日一致するように管理します。1カ月経ったら小口現金出納帳を締めて支払い時の領収書などとともに経理部門へ報告し、あらかじめ決めた残高になるよう経理部門から現金の補充を受けます。このような仕組みを定額資金前渡法（インプレスト・システム）といいます。

　小口現金制度のメリットは、入金は所定の時期に経理部門から補充を受けるのみで、あとは使ったときだけ記録する仕組みなので、残高の管理がしやすいという点があります。また、現場ごとに定めた少額のお金を先に渡し、その範囲で支払いを行うので会社全体の予算管理がやりやすくなり、万が一残高の不一致が発生した場合の損失が最小限に抑えられ、責任の所在も明確になります。

　小口現金の管理は現場の担当者に任せることになりますが、事務作業が苦手で記入ミスが多い担当者や、他の業務が忙しく小口現金出納帳への記録が疎かになる担当者もいますので、経理部門として適切なフォローを行うことも大切です。

小口現金出納帳

領収書やレシートの日付は摘要に記載し、実際に小口現金から出金した日を日付欄に記載

内訳の中身は自社でよく使うものに適宜修正

受入	日付	摘要	支払	内訳 交通費	内訳 通信費
25,000		前月繰越	25,000		
75,000	10月5日	補充			
	10月5日	10/1　○○タクシー　田中　客先訪問	15,000	15,000	
	10月5日	10/5　宅急便　㈱△△ヘサンプル発送	880		
	10月10日	10/10　○○園　来客用お茶	1,620		
	10月10日	10/10　○○新聞　9月分	4,800		
	10月15日	10/15　○○電力　9月分	3,300		
	10月16日	10/16　○○堂　事務用品	770		
	10月20日	10/15　居酒屋○○　佐藤　㈱□□接待	22,000		
	10月25日	10/25　○○不動産　10月分駐車場代	22,000		
	10月29日	10/29　郵便局　レターパックライト10枚	3,700		3,700
	10月29日	10/29　コンビニ　ゴミ袋	550		
	10月30日	10/30　○○coffee　中村　㈱△△打ち合わせ	680		
100,000		10月合計	75,300	15,000	3,700

月末に小口現金出納帳を締めて、支払いの証拠となる領収書やレシートとともに経理部門へ報告

内訳 消耗品費	光熱費	地代家賃	会議費	新聞図書費	荷造運賃	交際費	雑費	残高
								25,000
								100,000
								85,000
					880			84,120
						1,620		82,500
				4,800				77,700
	3,300							74,400
770								73,630
						22,000		51,630
								29,630
								25,930
							550	25,380
			680					24,700
770	3,300	22,000	680	4,800	880	23,620	550	24,700

小口現金出納帳の記録が疎かになる担当者もいるため、経理部門は現場に任せきりにせず、適切なフォローを行いましょう。

毎日の実際残高と出納帳の残高が必ず一致するように管理

預金の管理方法と注意点

➡ 預金利息から源泉徴収された税額の処理
➡ 当座預金は会計ルールに則った理論値に合わせる

◤ 預金利息は源泉徴収されていることに注意

　会社が保有する預金には、右ページの勘定科目のようにいくつかの種類があります。また会社が同じ種類（例：普通預金）の口座を複数保有して、使い分けている場合もあります。そこで、実務上では預金の種類ごと、かつ口座番号ごとに会計ソフトへ勘定科目を設定するか、預金の種類別に勘定科目を設定し、さらに口座番号別に補助科目を設定します。そして通帳へ記載された毎日のお金の出入りと残高が一致するように伝票を起票して、会計ソフトに仕訳を入力します。会計ソフトへ仕訳を入力すると自動的に預金出納帳も作成されるので、仕訳入力後は口座番号別の預金出納帳の入出金と残高が通帳と一致しているか必ず確認しましょう。普通預金や定期預金、定期積金には利息がつきますが、口座へ利息が入金される際に、銀行が利息に係る所得税と復興特別所得税（税率は合わせて15.315%）を源泉徴収し、残りの金額が口座へ入金されます。したがって仕訳を入力する際には、源泉徴収された金額も仕訳を行う必要があります。

　源泉徴収税額を通帳へ記載している銀行とそうでない銀行があり、記載されていない場合は経理担当者が入金された利息から逆算して源泉徴収税額を求める必要があります。当座預金には通帳の代わりに当座勘定照合表が発行されますが、未取付小切手がある場合は、必ずしも自社の預金出納帳と銀行の当座勘定照合表が一致しません。自社が小切手を振り出すとき、会計ルール上はその時点で当座預金を減らす仕訳をします。受取人が小切手を換金するまでは自社の当座預金出納帳、銀行の当座勘定照合表の日別の残高は不一致となります。当座預金は銀行が発行した当座勘定照合表に合わせるのではなく、銀行勘定調整表を作成し会計ルールに則って計算した正しい残高になるよう処理を進めます。

銀行口座ごとに勘定科目と補助科目を設定

勘定科目	補助科目
普通預金	○○銀行△支店1234567
	□□銀行○支店3456789
当座預金	△△銀行□支店2345678
定期預金	○○銀行△支店0001234

勘定科目は預金
種類ごとに設定
し、口座ごとに
補助科目を設定
する方法

勘定科目
○○銀行△支店普通1234567
○○銀行△支店定期預金 0001234
□□銀行○支店普通3456789
△△銀行□支店当座2345678

銀行口座ごとに勘定科目を
設定する方法

普通預金 通帳

日付	お取引内容	お支払い金額（円）	お預かり金額（円）	差し引き残高
8月31日	社会保険料	125,711		4,322,024
9月10日	国税	490,487		3,831,537
9月21日	利息		8	3,831,545

8円÷（1−0.15315）=9円
9円−8円=1円（源泉徴収された金額）

入金額÷（1−0.15315）
で源泉徴収前の預金利
息の総額を求める

所得税と復興特別所得
税が源泉徴収された残
高が入金されている（税
率は合わせて15.315%）

預金利息の入金仕訳例

日付	9月21日

借方 ／ **貸方**

科目	金額	消費税区分	科目	金額	消費税区分	摘要
普通預金	8	対象外	受取利息	8	非課税売上	預金利息
法人税、住民税及び事業税	1	対象外	受取利息	1	非課税売上	預金利息（源泉所得税等）

当座勘定照合表

日付 年 月 日	起算日 月 日	小切手手形	番号	記号	支払額	入金額	摘要	残高
03 02							振込	＊ 602 701
03 02			90			1 000 000	預金機	＊1 602 701
03 05			10		29 680		振替　カード	＊1 573 021
03 08		小切手123456	20		634 378			＊ 938 643
			＊＊＊＊		03 月 10 日迄 終わり	＊＊＊		
		合計			664 058	1 000 000		

自社が振り出した小切手の番号が記載
されている。自社が受取人に振り出し
た小切手を3月8日に銀行に持ち込ん
で換金したことがわかる

未取付小切手とは、先方に渡した
小切手が銀行に持ち込まれず、換
金されていないものを指します。

小切手の取り扱いと仕訳

➡ 小切手での支払いは小切手帳を購入する必要がある
➡ 小切手を受け取った場合は早めに取立に出す

◤ 小切手での支払いと小切手の受け取りの際の注意点

　会社が代金を支払う方法のひとつとして、小切手払いがあります。具体的には右ページのような小切手という証券を取引先へ渡すことで支払いを行います。

　小切手で支払いを行う場合は、銀行で当座預金口座を開設し、その銀行から小切手帳を購入する必要があります。購入した小切手帳を開いて、小切手法が定める要件を満たすよう必要事項を記載したうえで、左側のミシン目部分に割印をしてから右側を切り離し、支払先へ渡します。切り離したあとの左側は「小切手の耳」と呼ばれ、会計業務を行う場合の資料として社内で保管します。

　逆に小切手を受け取った場合は、**小切手に記載されている振出日から10営業日以内に自社の取引銀行へ取立に出すことで換金されます。**ただし、取立に出した小切手の金額がすぐに自社の口座へ入金されるわけではなく、通常は2〜3営業日かかりますので、換金した資金をほかの支払いに充てる予定の場合は早めに取立に出す必要があります。紙の証券である小切手は紛失のリスクがあるため、通常は受け取ってから翌営業日には取立に出します。

　近年は小切手帳の販売価格を大幅に値上げする銀行が増えています。これは決済手段の電子化を促進する国の方針を踏まえ、紙をやりとりする小切手の流通量を減らす意向を反映したものだと推察されます。小切手を使っている会社はコストアップになりますので、最近は小切手払いをやめる会社も増えています。

先日付小切手：振出日を未来の日付にして発行する小切手のこと。振出人が資金不足で今すぐ払えない場合に発行されることが多い。

小切手の実例

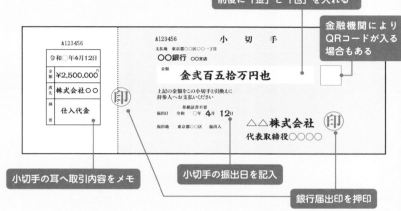

手書きの場合は漢数字で記入し、前後に「金」と「也」を入れる

金融機関によりQRコードが入る場合もある

小切手の耳へ取引内容をメモ

小切手の振出日を記入

銀行届出印を押印

第**3**章　日々の経理業務

小切手を振り出した場合

日付	4月12日

振出日で仕訳

借方			貸方			
科目	金額	消費税区分	科目	金額	消費税区分	摘要
買掛金	2,500,000	対象外	当座預金	2,500,000	対象外	株式会社○○ 買掛金小切手払い

小切手を振り出した側では、振出日で当座預金を減らす仕訳を行う

小切手を受け取った場合

日付	4月13日

実際に小切手を受け取った日で仕訳

借方			貸方			
科目	金額	消費税区分	科目	金額	消費税区分	摘要
現金	2,500,000	対象外	売掛金	2,500,000	対象外	△△株式会社 売掛金小切手回収

他人振出の小切手を受け取った場合、簿記のルールでは現金の増加として仕訳

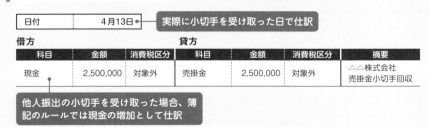

小切手を発行する場合に記載する金額を間違えてしまうと訂正ができず、有料の小切手用紙が1枚無駄になるので慎重に作業しましょう。

手形の取り扱いと仕訳

POINT
➡手形で支払う場合は手形帳を購入する必要がある
➡手形を受け取った場合は支払期日までに取立に出す

手形で支払う場合と手形を受け取った場合の注意点

　会社が用いる決済手段として、小切手と似た特徴を持つものに手形があります。手形で支払いを行う場合は、小切手同様に銀行で当座預金口座を開設し、その銀行から手形帳を購入する必要があります。購入した手形帳を開いて、手形法が定める要件を満たすよう必要事項を記載したうえで、左側のミシン目部分に割印をしてから右側を切り離し、支払先へ渡すことも小切手と似ています。切り離したあとの左側は「手形の耳」と呼ばれ、小切手の耳と同様に会計業務を行う場合の資料として社内で保管します。小切手との違いは、記載金額に応じて収入印紙を貼付する必要がある点、受取人を記載して振り出す点及び支払期日を記載する点です。手形を振り出すと、支払期日に自社の当座預金から手形の券面額が引き落とされるため、それを見越して資金繰りを行う必要があります。

　支払期日に残高不足で引き落としができないことを手形の不渡りといい、半年に2回不渡りを出すと銀行取引停止処分を受けます。銀行取引停止処分を受けると借入や当座預金での取引が2年間できないため事業継続が困難になり、事実上の倒産状態になります。手形を受け取った場合は、手形に記載されている支払期日から3営業日以内に自社の取引銀行へ取立に出すことで換金されます。また受け取った手形をそのまま取引先へ譲渡することで取引先への支払いに使うこともでき、これを「手形の裏書」といいます。さらには、支払期日前に金融機関に割引料という利息を払って手形を換金する「手形の割引」という方法もあります。

キーワード　**電子記録債権：**電子記録債権とは「支払期間の延長」「裏書」「割引」といった紙の手形の特長をデジタルで再現した新たな決済手段による債権。

手形の実例

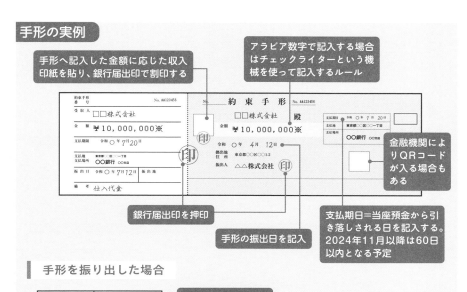

手形へ記入した金額に応じた収入
印紙を貼り、銀行届出印で割印する

アラビア数字で記入する場合
はチェックライターという機
械を使って記入するルール

金融機関によ
りQRコード
が入る場合も
ある

銀行届出印を押印

手形の振出日を記入

支払期日＝当座預金から引
き落しされる日を記入する。
2024年11月以降は60日
以内となる予定

手形を振り出した場合

日付	4月12日

振出日で仕訳をする

借方			貸方			
科目	金額	消費税区分	科目	金額	消費税区分	摘要
買掛金	10,000,000	対象外	支払手形	10,000,000	対象外	株式会社○○ 買掛金手形払い <small>(手形番号AA123456)</small>

振出側は「支払手形記入帳」に手形の情報を記録し、満期日
（＝支払期日）に残高不足で不渡りにならないように管理する

手形を受け取った場合

日付	4月13日

実際に手形を受け取った日で仕訳をする

借方			貸方			
科目	金額	消費税区分	科目	金額	消費税区分	摘要
受取手形	10,000,000	対象外	売掛金	10,000,000	対象外	△△株式会社 売掛金手形回収 <small>(手形番号AA123456)</small>

受取側は「受取手形記入帳」に手形の情報を記
録し、満期日や裏書、割引の顛末を管理する

手形を受け取ったら必ず記載内容に不備がない
か確認しましょう。不備がある場合、取立てに
出しても支払いを受けられない場合があります。

手形の支払期日仕訳

日付	7月20日 ●

手形は支払い期日の翌々日までに呈示[※]**する**

振出側

借方			貸方			
科目	金額	消費税区分	科目	金額	消費税区分	摘要
支払手形	10,000,000	対象外	当座預金	10,000,000	対象外	手形決済 (手形番号AA123456)

受取側

借方			貸方			
科目	金額	消費税区分	科目	金額	消費税区分	摘要
当座預金	10,000,000	対象外	受取手形	10,000,000	対象外	手形決済 (手形番号AA123456)

手形の取り扱いでもっとも注意しなければならないのは、支払期日に間に合うように銀行へ取立てに出すということです。手形は支払期日の翌々日までに呈示しないと支払いを受けられなくなります。夏休みなど長期休暇がある時期はうっかり忘れてしまうことがあるので、休暇前に手形の取立てもれがないかどうかチェックするようにしましょう。

※手形の呈示…手形の受取人が支払銀行に手形を見せて支払いを請求すること。

Advice

紙の約束手形の廃止

　紙の手形は、振出人から見ると支払期日を延長できるため資金繰り面で有利ですが、受取人はその逆で入金が遅くなるデメリットがあります。そして受取人の多くは立場の弱い中小企業であるため、手形決済が中小企業の資金繰りのしわ寄せになっている現実があります。また紙の証券をやりとりするため紛失のリスクがあり、手形を郵送するコストや紙を取り扱う事務コストも発生します。これらの問題を解決するため、国は2026年を目処に約束手形の利用を廃止して、銀行振込や電子記録債権による支払いへ移行するよう促しています。

ネットバンキングと
キャッシュレス決済

➡ネットバンキングは内部統制の仕組みとセットで運用
➡キャッシュレス決済は支払側か受取側かで処理を整理

◢ 銀行振込はネットバンキングで行うことが一般的

　会社がお金を支払ったり受け取ったりする場合に、最もよく使われる方法は銀行振込です。以前は支払日になると経理社員が銀行へ行って振込の手続きをしていましたが、現在は社内のパソコンからネットバンキングで処理を行うことが一般的です。銀行まで行く時間が省略できますし、振込手数料もネットバンキングのほうが安くなります。

　ただしネットバンキングは便利な一方、やろうと思えば担当者1人ですべての処理が完結できるため、銀行窓口での手続きに比べて誤送金や不正送金のリスクが高くなります。そうしたリスクを回避するために「担当者が振込データを作成したあとで、上司が証憑（請求書など）と突き合わせてチェックする」「振込データ作成の権限と振込承認の権限を分けてパスワード等を厳重に管理する」など内部統制の仕組みを構築して運用することが重要です。

◢ キャッシュレス決済は支払側と受取側で処理が異なる

　キャッシュレス決済とは硬貨や紙幣を使わずに行う、支払い全般を指す用語です。代表的なクレジットカードによる支払いのほか、デビットカード、電子マネー、プリペイドカード、QRコード決済など、さまざまな手段が存在します。会計処理を行う際は、支払手段として使った場合と、売上代金回収手段として使った場合で分けて考えることがポイントになります（P.98・99参照）。

内閣府の資料によれば日本のキャッシュレス比率は2021年時点で約30%だが、国は2025年までに4割程度を目指してキャッシュレス推進施策を実行している。

ネットバンキングと内部統制

担当者

作成したデータを承認依頼 →

上司

ネットバンキングの ID に振込
データ作成の権限を付与
（振込承認の操作はできない）

相互に牽制

ネットバンキングの ID に振込
承認の権限を付与
（振込データの作成はできない）

クレジットカード払いの仕訳例（支払側）

接待に伴う飲食代をカードで支払った場合

日付	10月8日

→ 接待を行った日で仕訳

借方			貸方			
科目	金額	消費税区分	科目	金額	消費税区分	摘要
交際費	165,000	課税仕入 10%	未払金	165,000	対象外	○○倶楽部 接待飲食代 ○○カード払い

> カード利用代金の口座振替日までは未払金計上する（未払金の補助科目に「○○カード」などと設定すると集計しやすい）

カード利用代金の口座振替日 ＝ （例）毎月26日

日付	11月26日

借方			貸方			
科目	金額	消費税区分	科目	金額	消費税区分	摘要
未払金	165,000	対象外	普通預金	165,000	対象外	○○カード利用分 口座振替

> カード会社発行の利用明細は仕訳をする際の資料として便利ですが、利用店舗で受け取ったレシートをもとに計上済みの仕訳と二重計上にならないよう注意しましょう。

クレジットカード払いの仕訳例（売上代金回収側）

飲食業の会社で、客が飲食代をカードで支払った場合

日付	10月8日

→ 食事を提供した日で仕訳

借方			貸方			
科目	金額	消費税区分	科目	金額	消費税区分	摘要
売掛金	165,000	対象外	売上高	165,000	課税売上10%	カード売上

> 後日カード会社から入金があるまでは売掛金計上。売掛金の補助科目として決済代行業者名を設定し、カード売上についてはその補助科目を使い仕訳すると、残高の管理がやりやすい

カード会社からの入金日＝（例）毎月5日、15日、25日

日付	10月15日

借方			貸方			
科目	金額	消費税区分	科目	金額	消費税区分	摘要
普通預金	159,654	対象外	売掛金	165,000	対象外	○○カード入金
支払手数料	5,346	非課税仕入				

①支払手数料
　決済代行業者から入金される際には決済手数料が差し引かれているので、入金明細で差し引かれている手数料を確認してから仕訳をする

②消費税区分
　キャッシュレス決済の種類(クレジットカード、電子マネー、QRコードなど)ごとに決済手数料の消費税区分が課税仕入なのか非課税仕入なのか決まっている。また、通常はクレジットカードの決済手数料は非課税仕入だが、決済代行業者の業務内容によっては課税仕入の場合もあるため、消費税区分についても決済代行業者からの入金明細で確認する

③振込手数料
　決済代行業者によっては、決済手数料以外に振込手数料を差し引いて振り込んでくる場合もあるので、これについても契約や入金明細を確認して仕訳を行う

> 売上代金回収手段としてキャッシュレス決済を利用する場合は、決済代行業者ごとに異なる「決済日から入金日までの期間」「手数料の種類と金額」に注意して資金繰りや会計処理を行いましょう。

立替経費の精算
仮払いの精算

POINT
➡ 立替経費も仮払い制度も社内ルールを守る&守らせる
➡ 不正や税務リスクを回避する視点でルールを整備する

立替経費の精算は社内ルールを遵守して行う

　会社の業務で必要な経費の支払いを社員がいったん立て替えて、後日精算する仕組みは多くの会社で導入されています。社員は自らが立て替えた経費の精算を会社へ申請し、経理部門で申請内容を確認したのち、問題がなければ立て替えた金額を社員へ支払うとともに伝票を起票して会計ソフトへ仕訳を入力します。

　立替経費の精算で重要なことは、内部統制や税務上の観点から問題が発生しないような経費精算ルールをあらかじめ整備し、そのルールに従っていない申請については精算を行わない、ということです。例えば、社員が個人的な支出を会社の経費として精算することを防止する仕組みとして、申請には部門長の承認を必須とするなどのルールを作ります。また、一定金額以下の公共交通機関の利用代金や香典の支払いなど特定の場合を除き、領収書やレシートなど支払いの事実を証明する書類がないと税務調査で問題となりますので、申請時に必ず添付させるといったルールを作ります。交際費の中でも接待など飲食費の精算については経費にするための税務上の要件がありますので、参加人数や参加者の氏名などを記載する社内精算フォームを経理で用意して、その記入がない場合は精算しないという対応も必要です。**出張が多い社員の場合、立替経費を溜め込んで何カ月分もまとめて精算する場合もありますが、精算が遅すぎると決算に間に合わず税務上問題が生じることになるので、申請の期限も設けておくほうがよいでしょう。**

　立替経費精算業務においては、社内ルールを守らない社員への対応も必要にな

豆知識　立替経費のレシート宛名が社員名でも、自社に所属していることが明らかになる従業員名簿等が会社に保存されていれば、消費税法の仕入税額控除の要件を満たす。

ります。いろいろな理由をつけて自分を特別扱いするよう要求する社員が出てきた場合は、上司とも相談しつつ、**ルールを遵守するよう誘導したり指導したりすることも経理部門の仕事**となります。

　最近は社員がスマートフォンで撮影した領収書を添付して、インターネット経由で経費精算申請ができるソフトを導入する会社も増えてきましたが、内部統制と税務上の観点に気を配り精算を行うという点は、いつの時代でも変わらないポイントです。

立替経費精算伝票の例

日付	10月15日

伝票の日付は立替精算の締日にすることが一般的

借方　　　　　　　　　　　　　　　　　　**貸方**

科目	金額	消費税区分	科目	金額	消費税区分
旅費交通費	1,870	課税仕入10%	未払金	1,870	対象外
交際費	58,850	課税仕入10%	未払金	58,850	対象外
雑費	110	課税仕入10%	未払金	110	対象外
会議費	880	課税仕入10%	未払金	880	対象外
交際費	5,000	対象外	未払金	5,000	対象外

同じ科目かつ同じ消費税区分のものについては合算して仕訳する

同じ科目でも消費税区分が異なる場合は行を分けて仕訳

その場で現金精算せず後日給与受取口座へ振り込む場合はいったん未払金に計上する

摘要
営業部　佐藤太郎　立替経費精算　タクシー代、電車賃
営業部　佐藤太郎　立替経費精算　接待飲食代、帰宅時タクシー代
営業部　佐藤太郎　立替経費精算　コピー代
営業部　佐藤太郎　立替経費精算　打合せ喫茶代
営業部　佐藤太郎　立替経費精算　香典

精算の根拠となるレシート等が整理されて会社に保存されているのであれば、仕訳自体は「勘定科目」と「消費税区分」が同じものごとに合算した金額で処理をしても大丈夫です。

■ 仮払い制度は精算遅れが発生しないよう経理が管理

　高額な接待を行う場合や、長期の出張などで社員の立替金額が多額になること
が予想される場合は、申請に基づき、業務に必要なお金を先に渡す仮払い制度を
導入している会社もあります。**仮払い制度もあらかじめ社内でルールを定めて運
用することが重要になります。**

　例えば、接待1回あたりの仮払金額の上限や、出張の日程（1週間、1カ月など）
や行き先（国内or海外）別に仮払いする金額を定めておくとともに、仮払申請の
際には部門長の承認を必須とします。そして接待後や出張から戻ったあとは1週
間以内には仮払金精算書を経理に提出し、余った仮払金は会社へ戻すといったルー
ルを整備します。**経理部門においては、仮払いの管理台帳へ「誰に」「いつ」「い
くら」仮払いしたという事実と、その精算予定日を記録します。**精算予定日を過
ぎても仮払金精算書の提出がない場合は、担当者や部門長へ問い合わせるなどし
て精算が遅れないよう管理することが重要です。

■ 出張に伴う日当を支払う際の注意点

　会社によっては社員が出張を行った際に、社内規程に基づく「日当」や「出張
手当」を支払う場合があります。通常は出張時に社員が立て替えた経費を後日精
算するのですが、日当や出張手当については精算の必要がありません。また受け
取った社員に課税されず、払った会社側でも税務上の経費として処理できます。

　このように社員と会社の双方にメリットがある「日当」や「出張手当」ですが、
**特定の社員や役員のみを優遇するような支給をした場合、同業他社と比べて高額
すぎる支給をした場合は課税リスクがあるため、税理士など専門家に相談して社
内規程を整備しておくとよいでしょう。**

Advice
消費税インボイス制度と立替経費精算

　2023年10月以降開始された消費税インボイス制度においては、原則として社
員が立て替えた際に受け取ったレシートなどがないと、会社側で消費税の仕入税
額控除ができないことになります。ただし「3万円未満の自販機からの購入」「3
万円未満の公共交通機関利用料金」などは、レシートなどがなくても会計帳簿へ
一定の事項を記載するだけで仕入税額控除が認められます。

仮払金支払伝票の例

日付	4月21日

借方			貸方		
科目	金額	消費税区分	科目	金額	消費税区分
仮払金	100,000	対象外	現金	100,000	対象外

摘要
営業部　佐藤太郎　仮払金申請

接待や出張から戻ったあと、仮払金精算書を経理に提出します。

仮払金精算伝票の例

日付	4月26日

借方			貸方		
科目	金額	消費税区分	科目	金額	消費税区分
旅費交通費	60,000	課税仕入10%	未払金	60,000	対象外
交際費	65,000	課税仕入10%	未払金	65,000	対象外
旅費交通費	9,000	課税仕入10%	未払金	9,000	対象外
未払金	100,000	対象外	仮払金	100,000	対象外

摘要
営業部　佐藤太郎　仮払金精算　飛行機代
営業部　佐藤太郎　仮払金精算　接待飲食代
営業部　佐藤太郎　仮払金精算　日当
営業部　佐藤太郎　仮払金精算　不足34,000円

上記の精算伝票では会計ソフトへの入力を想定して1行1仕訳で例示していますが、借方は費用のみ3行で計上し、貸方を「仮払金100,000円」「未払金34,000円」の2行とする処理も考えられます。

Q&A

Q. インボイス制度開始後に社員へ払う日当の処理はどうなりますか？

A. 社員が出張した際に支払う日当や出張手当については、消費税インボイス制度開始後も会計帳簿へ一定の事項を記載するだけで仕入税額控除が認められます。ただし所得税基本通達9-3に基づき判定される高額な日当に該当すると社員に対する給与扱いとなりますので、その場合は消費税の仕入税額控除も認められません。

会社が納める税金の種類と処理

➡自社で計算する税金と行政側で計算する税金
➡自社で計算する税金は決算日翌日から2カ月以内に納付

会社が納める税金の分類方法

現在の日本には50以上の税金があります。会社にはさまざまな税金を納める義務がありますが、経理業務を行う中でよく出てくる税金は右ページの通りです。**経理の立場からは「どのように課税されるのか」「どこへ納付するのか」「どう仕訳するのか」の3点を意識して頭の中を整理しておくことがポイントです。**

「どのように課税されるのか」という点からは「会社が自分で税額を計算し納税をする方式」（申告納税方式）と、「国や地方自治体が税額を計算し会社へ通知してきた金額を納税する方式」（賦課課税方式）の2つがあります。経理業務の立場からは、経理が主体的に計算して納める申告納税方式の税金は、より重要性が高い税金といえます。「どこへ納付するのか」という点については、国へ納付する場合と地方自治体へ納付する場合に大別されます。**特に申告納税方式の税金については、全国に存在する税務署や都道府県、市町村のどこに申告書を提出し納付するのかについて、会社が自分で判断して手続きを行う必要があるので、提出先を間違えないように注意が必要です。**

「どう仕訳するのか」については、損益計算書科目のうち「法人税、住民税及び事業税」を使う場合と、「租税公課」を使う場合に大別されます。このほかに消費税で税抜経理をしている場合は貸借対照表科目である「仮受消費税」「仮払消費税」を使います（右ページ以降参照）。会社が預かって代わりに納める源泉所得税については、貸借対照表科目である「預り金」を使います（第5章参照）。

豆知識　決算を承認する株主総会が決算日の翌日から3カ月目に開催される上場企業などは、事前に税務署へ申請して申告期限を決算日翌日から3カ月以内に延長している。

会社が納める主な税金

実務上の取り扱い（どのように課税されるのか）	税金の種類	納付先	内容	主な勘定科目
会社が自ら申告書を作成して納税する税金（申告納税方式）	法人税	国（税務署）	もうけ≒利益に対して課税される	法人税、住民税及び事業税
	地方法人税	国（税務署）	もうけ≒利益に対して課税される	法人税、住民税及び事業税
	消費税	国（税務署）	売上時に顧客から預かった消費税と、自社が仕入や経費と一緒に支払った消費税の差額を納税する	（税抜経理の場合）仮受消費税、仮払消費税（税込経理の場合）租税公課
	法人事業税	都道府県	もうけ≒利益に課税される。これに加えて資本金1億円超の会社は、資本金額、報酬給与＋純支払利子＋純支払賃借料の金額に応じて課税される（＝外形標準課税）	法人税、住民税及び事業税（外形標準課税の税額は「租税公課」を使う）
	特別法人事業税	都道府県	法人事業税の金額に比例して課税される	法人税、住民税及び事業税
	法人住民税	都道府県＆市町村	もうけ≒利益に対して課税する法人税割と、資本金等の額＆従業員数に応じて課税する均等割がある	法人税、住民税及び事業税
	事業所税	東京都23区（都税事務所）及び特定の市	事業所床面積と従業者給与総額に対して課税される	租税公課
国や地方自治体から課税される税金（賦課課税方式）	過少申告加算税	国（税務署）	修正申告書を提出して追加で納税した場合等に課税される	租税公課
	不納付加算税	国（税務署）	源泉所得税を法定納期限までに納付しなかった場合等に課税される	租税公課
	延滞税	国（税務署）	国税を納付期限までに納付しなかった場合に課税される（地方税の場合は地方自治体から延滞金が課税される）	租税公課
	印紙税	国（税務署）	課税文書（特定の契約書や領収書、手形など）を作成した場合に課税される	租税公課
	登録免許税	国（法務局）	法務局で登記をする場合に課税される	租税公課
	関税	国（税関）	輸入をした場合に課税される	輸入の内容に応じて仕入高、租税公課などを使う
	固定資産税	市区町村	土地や家屋、償却資産を保有している場合に課税される（償却資産については会社に保有する償却資産内容に関する申告が義務付けられている）	租税公課
	自動車税	都道府県	自動車を保有していると課税される	租税公課
	軽自動車税	市区町村	軽自動車やバイクを保有していると課税される	租税公課
	不動産取得税	都道府県	土地や家屋を取得した場合に課税される	租税公課（土地や建物の取得価額に含めることもできる）
	ゴルフ場利用税	都道府県	ゴルフ場を利用すると課税される	接待として行うゴルフの場合は交際費として処理する

会社が預かって代わりに納める税金

税金の種類	納付先	内容	主な勘定科目
源泉所得税	国（税務署）	給与を支払う場合や特定の報酬を支払う場合に天引き（＝源泉徴収）した所得税と復興特別所得税を期限までに納付する	預り金
特別徴収した個人住民税	市区町村	給与を支払う際に天引き（＝特別徴収）した個人住民税を期限までに納付する	預り金

税金の納付期限に気づかず放置すると、最悪の場合は自治体よる会社財産の差し押さえが行われることもあります。

法人税等の税額計算と仕訳

　前述のとおり、会社が納める税金のうち申告納税方式の税金は、会社が主体となって税額の計算を行うため、経理にとって重要性が高い税金です。**申告納税方式の税金のうち「法人税」「地方法人税」「法人事業税」「特別法人事業税」「法人住民税」は、実務上は同時に税額計算と申告書作成を行います。**これらの税金はいずれも会社のもうけ≒利益を基準として税額を計算するため、決算作業の終盤で同時に税額計算と申告書の作成を行い、決算仕訳で未払計上するのです。具体的には右ページのように提出先ごとにひとつの申告書の中で複数の税金を同時に計算しています。

3月末決算法人の場合の例

3/31 ※会社で計算した税額を未払計上する

借方科目	金額	消費税区分	貸方科目	金額	消費税区分
法人税、住民税及び事業税	○○○ （申告書の差引税額）	対象外	未払法人税等	○○○ （申告書の差引税額）	対象外

　こうして完成した申告書は決算日の翌日から2カ月以内に国（税務署）、都道府県、市町村へ提出し、あわせて納税を行います。

5/31 ※決算で計上した未払法人税等を取り崩して納税する

借方科目	金額	消費税区分	貸方科目	金額	消費税区分
未払法人税等	○○○	対象外	普通預金	○○○	対象外

申告書の中で税金を複数同時に計算

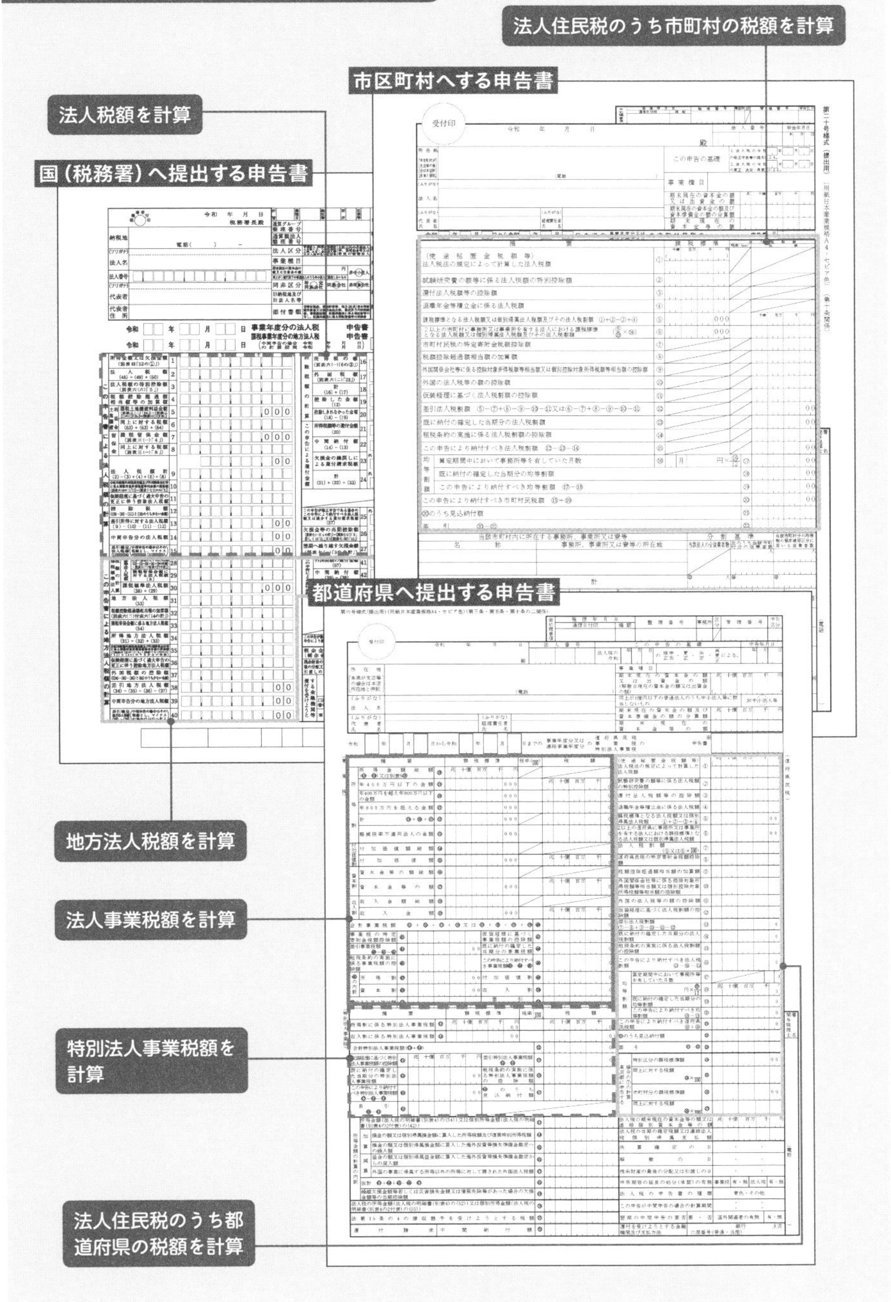

法人住民税のうち市町村の税額を計算

市区町村へする申告書

法人税額を計算

国（税務署）へ提出する申告書

地方法人税額を計算

法人事業税額を計算

特別法人事業税額を計算

都道府県へ提出する申告書

法人住民税のうち都道府県の税額を計算

107

消費税の仕組みと仕訳

POINT
➡ 経理が最もよく使う税金の知識は消費税の知識
➡ 会社の場合は税抜方式を採用していることが多い

経理社員が最初に学ぶべき税金は消費税

消費税は最も身近な税金で、私たちは毎日のように消費税を払って買い物をしていますが、それは会社も同様です。経理社員は会社の日々の取引を仕訳として記録する際に、その取引に関する消費税の情報も会計ソフトへ入力しています。したがって、経理社員が最初に学ぶべき税金は消費税といえるでしょう。

消費税は間接税の一種であり、消費税を国へ納税する立場（＝会社）と消費税を負担する立場（＝最終消費者）が別になります（右ページ参照）。会社の立場から見ると、**自社が売上代金とともに預かった消費税から、自社が仕入などで支払った消費税を差し引いた差額を税務署へ納税する**ことになります。具体的には、年1回の決算時に1年間で預かった消費税と支払った消費税を集計して申告書を作成し、決算日の翌日から2カ月以内に税務署へ申告書を提出し納税を行います。

消費税の仕訳には税込方式と税抜方式がある

消費税の会計処理方法には税込方式と税抜方式があります（P.110参照）。**仮払消費税と仮受消費税の差額を見れば、現時点での消費税納税見込額がすぐにわかるため、会社の場合は税抜方式で処理することが一般的**です。実務上は、あらかじめ会計ソフトの設定を税抜方式にしたうえで、税込金額で仕訳を入力するとともに消費税区分を課税仕入や課税売上とすれば、ソフトが自動で消費税相当額を仮払消費税や仮受消費税に分けて仕訳をしてくれます。

豆知識　消費税の申告納付期限も、事前に税務署へ申請することで決算日の翌月から3カ月以内に延長することができる。

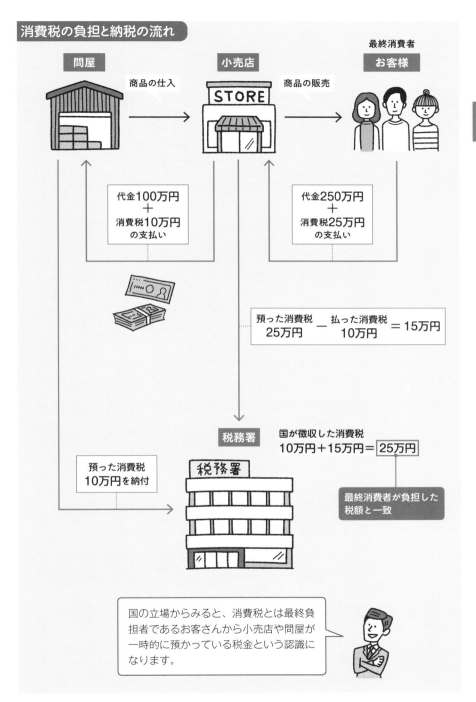

消費税の負担と納税の流れ

問屋 → 商品の仕入 → **小売店** → 商品の販売 → 最終消費者 **お客様**

STORE

代金100万円
＋
消費税10万円
の支払い

代金250万円
＋
消費税25万円
の支払い

預った消費税 − 払った消費税 ＝ 15万円
25万円　　　　　10万円

税務署

国が徴収した消費税
10万円＋15万円＝ 25万円

預った消費税
10万円を納付

税務署

最終消費者が負担した
税額と一致

国の立場からみると、消費税とは最終負担者であるお客さんから小売店や問屋が一時的に預かっている税金という認識になります。

税込方式

小売店が商品を仕入れた場合
すべて税込の金額で仕訳を行う

借方			貸方		
科目	金額	消費税区分	科目	金額	消費税区分
仕入高	1,100,000	課税仕入10%	現金	1,100,000	対象外

小売店が商品を販売した場合
すべて税込の金額で仕訳を行う

借方			貸方		
科目	金額	消費税区分	科目	金額	消費税区分
現金	2,750,000	対象外	売上高	2,750,000	課税売上10%

小売店の決算仕訳
消費税申告書で計算した税金を決算仕訳で未払計上する。その際の借方科目は「租税公課」を使用する

借方			貸方		
科目	金額	消費税区分	科目	金額	消費税区分
租税公課	150,000	対象外	未払消費税等	150,000	対象外

税抜方式

小売店が商品を仕入れた場合

借方			貸方		
科目	金額	消費税区分	科目	金額	消費税区分
仕入高	1,000,000	課税仕入10%	現金	1,100,000	対象外
仮払消費税	100,000	課税仕入10%			

仕入れに係る消費税額は「仮払消費税」と仕訳する

小売店が商品を販売した場合

借方			貸方		
科目	金額	消費税区分	科目	金額	消費税区分
現金	2,750,000	対象外	売上高	2,500,000	課税売上10%
			仮受消費税	250,000	課税売上10%

売上に係る消費税額は「仮受消費税」と仕訳する

小売店の決算仕訳

借方			貸方		
科目	金額	消費税区分	科目	金額	消費税区分
仮受消費税	250,000	対象外	仮払消費税	100,000	対象外
			未払消費税等	150,000	対象外

「仮払消費税」と「仮受消費税」残高を0円にするとともに、消費税申告書で計算した税金を決算仕訳で未払計上する

消費税がかかる取引と
かからない取引

➡消費税がかかる取引の4要件を理解する
➡「対象外」「非課税」「免税」の違いを意識する

■ 消費税がかかる4つの要件

消費税とは、日本国内でモノを買う、モノを借りる、サービス提供を受けるといった消費活動に対して課税される税金です。具体的には「①国内において行う」「②事業者が事業として行う」「③対価を得て行う」「④資産（モノ）の譲渡、貸付、役務（サービス）の提供のいずれかである」という4つの要件すべてを満たす取引が消費税の課税対象となります。

例えば、海外で行った取引は①を満たさないので課税されません。また、会社員は事業者ではないので、自宅にある不用品をフリマアプリで売った場合は②を満たさず課税されません。会社が自治体から補助金をもらう場合がありますが、補助金は会社が相手に何かを提供した対価として受け取るものではなく、③の要件を満たさないため課税されません。決算で計上する引当金繰入や減価償却費は会計ルールに基づく見積もりや費用の期間配分の処理であってモノやサービスをやりとりした仕訳ではなく、④の要件を満たさないため課税されません。このように4要件を満たさない取引を「対象外取引」あるいは「不課税取引」といいます。

■ 「対象外（不課税）」「非課税」「免税」 の違い

4つの要件を満たしているため、本来は消費税が課税される取引にもかかわらず、「消費税の課税がなじまない」「社会政策的配慮」といった理由で法令により消費税を課さない取引があります。この取引は「非課税取引」といいます。

また、輸出取引や国際運賃のように最終的に国外で消費されるモノや効果が国外に向けて生ずるサービスは消費税を免除されます。この取引は「免税取引」といいます。

このように「消費税が課税されない」場合には「不課税取引」「非課税取引」「免税取引」のいずれかの理由で課税されていないことを理解しておきましょう。

課税対象取引となる4つの要件

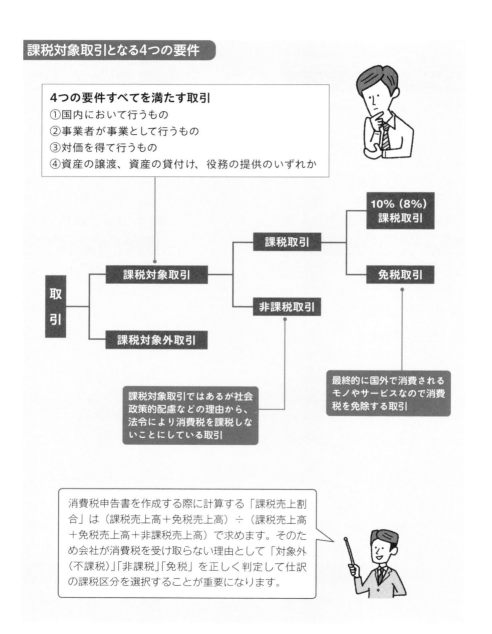

4つの要件すべてを満たす取引
①国内において行うもの
②事業者が事業として行うもの
③対価を得て行うもの
④資産の譲渡、資産の貸付け、役務の提供のいずれか

取引
課税対象取引
課税対象外取引
課税取引
非課税取引
10%（8%）課税取引
免税取引

課税対象取引ではあるが社会政策的配慮などの理由から、法令により消費税を課税しないことにしている取引

最終的に国外で消費されるモノやサービスなので消費税を免除する取引

消費税申告書を作成する際に計算する「課税売上割合」は（課税売上高＋免税売上高）÷（課税売上高＋免税売上高＋非課税売上高）で求めます。そのため会社が消費税を受け取らない理由として「対象外（不課税）」「非課税」「免税」を正しく判定して仕訳の課税区分を選択することが重要になります。

消費税がかからない取引の具体例

消費税がかからない理由	具体例
対象外取引 ①国内取引ではない ②事業者が事業として行う取引ではない ③対価を得て行う取引ではない ④資産の譲渡、貸付、役務の提供ではない	①日本の会社が海外の支店で商品を販売した場合 ②会社員が不用品をフリマアプリで売った場合 ③配当金／保険金／補助金／助成金／見舞金／会費／損害賠償金など ④貸倒引当金繰入や減価償却費など
非課税取引 ①消費税の課税になじまない ②社会政策的配慮	①土地の売買／地代／株式の売買／利息／保険料／行政手数料／信販会社に支払うクレジット手数料など ②社会保険診療報酬／介護保険サービス／出産費用／埋葬料と火葬料／大学や高校の授業料や入学金／住宅の家賃
免税取引 ①最終的に国外で消費されるモノだから ②効果が国外に向けて生ずるサービスだから ③輸出先の国でその国独自の間接税が課税されるため、国境税調整の観点から課税しない	輸出取引／国際運賃／国際通信など

> 会社が支払い側の立場の場合は、消費税がかからない理由の違いによる消費税申告書への影響はありません。

Q&A

Q. 会社が預かった消費税よりも支払った消費税のほうが多い場合は？

A. 会社が預かった消費税よりも支払った消費税のほうが多い課税期間については、消費税申告書を提出することで差額の還付を受けることになります。この場合、通常の申告書に加えて「消費税の還付申告に関する明細書」に「還付申告となった主な理由」や「主な取引先の名称や住所、取引金額」などを記載して提出する必要があります。取引を偽装して消費税の不正還付を受ける事例が後を絶たないため、還付申告の場合は詳細な理由を記載した書類の提出が求められます。

経理部の仕事と会計事務所の仕事

　日商簿記検定試験の3級や2級に合格している場合、そうでない場合と比べて会社の経理部や会計事務所で働くチャンスが増えます。両者の仕事内容のおもな共通点と異なる点は次のとおりです。

▦ 経理部と会計事務所で共通する仕事

　会計事務所とは、税理士や公認会計士が所長を務める組織で、一般的には税理士独占業務（税務代理、税務書類の作成、税務相談）とその周辺業務（記帳代行＝仕訳の会計ソフトへの入力と会計帳簿の作成など）をおもな業務内容としています。「○○会計事務所」「○○税理士事務所」「○○税理士法人」など名称はさまざまですが、どれも業務内容は同じだと考えてよいでしょう。会計事務所は顧客である会社や個人と契約を結び、顧客の代わりに会計帳簿や決算書、税務申告書を作成して報酬を得ています。経理部で働く場合は、自社の会計帳簿や決算書を作成しますが、会計事務所で働く場合は、自分が担当する顧客の決算書や申告書を作成しているイメージです。したがって、経理部でも会計事務所でも簿記の知識を活かして会計業務を行う点は共通しています。

▦ 経理部と会計事務所で異なる仕事

　経理部は自社の「会計業務」「出納業務」「企画管理業務」を行います。一方、会計事務所で顧客の「出納業務」や「企画管理業務」を代行することは通常はありません。したがって会計事務所で「手形の振り出し」「予算の策定」などの業務を行うことはありません。

　また、経理部は自社の業務のみを行うため、出社してから退勤時間まで、終日オフィスで事務作業や打ち合わせをする働き方になります。一方、会計事務所で働いていると、担当する顧客を訪問する機会が多くなります。

　税金に関しては、経理部では仕訳入力時に判断が必要な消費税の知識を使うことが中心となりますが、会計事務所では顧客の税務業務全般を代行するため、消費税はもちろん、法人税や相続税などさまざまな税金の知識を使って業務を行います。

第4章

月々の経理業務
～お金の流れの管理

第4章では、月々のお金の流れについて解説しています。売掛金・買掛金の管理は、会社の資金繰りを考えるうえでとても重要です。また、月次決算は会社の最新の状況を把握して今後の経営判断に役立てるために行います。

Q&Aでわかる！

お金の流れの管理に関する疑問

第4章では月々のお金の流れの管理についてまとめています。
売掛金や買掛金、月次決算などの疑問をチェックしましょう。

経理部のAさん

Q.1
売掛金や買掛金の計上に決まりがあれば
教えてください。

A.　売掛金や買掛金の計上は実現主義や発生主義といった
考え方のもと行われます。具体的には「出荷基準」「引渡基
準（受取基準）」「検収基準」など、さまざまな基準があり、
会社によって採用する基準が違うため、勤めている会社の計
上基準を確認したうえで経理業務を行いましょう。

➡ 詳しい内容はP.122・125をチェック！

- -

Q.2
資金繰り表はなぜ作成するのでしょうか。

A.　現在の会計ルールでは、実現主義や発生主義に基づ
いて収益や費用を計上するため信用取引（代金の決済を後
日行う取引）が多い会社の場合、会計上の利益は出ていて
も、それに見合うお金が会社になく、倒産することがあり
ます。そういった事態を防ぐために資金繰り表を作成して
管理します。　　　　　➡ 詳しい内容はP.140をチェック！

経理部のBさん

Q.3

2023年10月1日から消費税のインボイス制度が開始されましたが、実は、インボイス制度のことがよくわかりません……。

経理部のCさん

A. 会社が税務署に納める消費税額は、売上時に「受け取った消費税額」から、仕入等の支払い時に「負担した消費税額」を差し引いて計算します。インボイス制度では、適格請求書（インボイス）がないと負担した消費税額を差し引けません。支払い先から受け取った領収書等が要件を満たしているかどうかを確認しましょう。 ➡ **詳しい内容はP.132をチェック!**

Q.4

経理部のDさん

月次決算の作業をできるだけ早く行うように指示を受けましたが、通常の決算と何が違うのでしょうか。

A. 通常の決算が「法令に従って必ず行わなければならないもの」なのに対し、月次決算は「会社の今の状態を把握して、今後の経営判断の参考にするために行うもの」です。したがって、月次決算の方法は会社ごとに異なりますし、必ずしも毎月行わなければならないものでもありません。経営判断の参考のために行う月次決算はスピードが重視されるため、通常の決算工程を簡略化し作業する場合が多いでしょう。 ➡ **詳しい内容はP.152をチェック!**

売掛金の処理の流れと計上基準

POINT
➡ 売掛金を適切に回収しないと会社が倒産する
➡ 経理社員は自社の売掛金計上基準を正しく把握する

売掛金の管理は会社の生命線

　会社が顧客へ商品を販売し、代金は後日支払ってもらう取引を信用取引といいます。**売掛金とは、売上時に信用取引を行った際に仕訳の借方へ計上する金銭債権（＝将来お金を払ってもらう権利）を表す勘定科目**です。いくら商品をたくさん販売したとしても、その代金を回収できないと最終的に会社は資金不足で倒産してしまいます。したがって売掛金は社内ルールに則って計上し、そのあとは顧客と取り交わした取引条件どおりに回収されているか管理し、回収が遅れている場合は早急に対応する必要があります。売掛金の処理の流れは業種や会社ごとにさまざまですが、例えば右ページのような流れで管理します。

売掛金（売上）の計上基準

　売掛金をどの時点で認識するかは、会社ごとにルールを決めて運用します。商品の特性や業界によってさまざまな基準がありますが、**よく使われているのは「出荷基準」「引渡基準」「検収基準」**です（右ページ参照）。業績の期間比較を行う観点から、一度採用した計上基準は毎期継続して適用する必要があります。

　経理社員は自分が働いている会社の売掛金（売上）計上基準を正しく理解することはもちろん、営業部門に対してはその基準に従った処理を進めるよう、助言及び指導する役割も求められます。

豆知識　上場企業などに対して2021年4月1日以後開始する事業年度の期首より、新たに収益認識に関する会計基準の適用が強制されている。

売掛金の処理の流れ

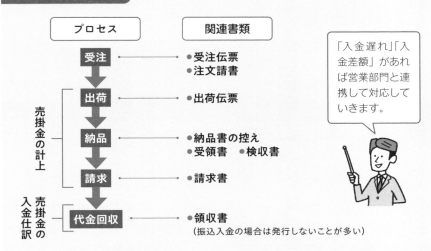

プロセス	関連書類

受注 → ● 受注伝票 ● 注文請書

出荷 → ● 出荷伝票

納品 → ● 納品書の控え ● 受領書 ● 検収書

請求 → ● 請求書

代金回収 → ● 領収書
（振込入金の場合は発行しないことが多い）

売掛金の計上：売掛金の計上
売掛金仕訳：売掛金の入金仕訳

「入金遅れ」「入金差額」があれば営業部門と連携して対応していきます。

中小企業で用いられる一般的な売上計上基準

名称	計上日	内容
出荷基準	出荷伝票の日付	注文を受けて倉庫から商品を出荷した時点で売上計上する基準。多くの会社で採用されている最も一般的な基準
引渡基準	顧客から受け取る「受領書」の日付	商品を顧客へ引き渡した日で売上計上する基準。自社で配送まで行う業界に多い基準
検収基準	顧客から受け取る「検収書」の日付	顧客が商品の検査を行い合格した日で売上計上する基準。受注生産型の商品を扱う業界に多い基準

❶ 請求書の発行
請求書については1カ月分をまとめた金額で発行することが一般的。
例えば、自社が出荷基準で、顧客に対して20日締めで請求する取引条件の場合、
前月21日〜今月20日までの出荷伝票を集計した合計金額で、1枚の請求書を発行する

❷ 商品別の計上基準
ひとつの会社の中で、商品特性に応じて複数の計上基準を使い分けることがある。
例えば、大型の機械装置を受注生産している会社の場合、受注品は検収基準で計上し、
納品後の顧客から注文を受ける消耗品などについては、出荷基準で計上する場合がある

❸ その他の計上基準
委託販売、予約販売、割賦販売、工事契約や受注制作ソフトウエアなど、
上記とは別の基準で売上計上する場合もある

119

売掛金元帳と
売掛金管理表

POINT
➡ 売掛金元帳は会計ソフトで作成される会計帳簿
➡ 売掛金管理表は販売管理システムで作成される社内資料

■ 売掛金元帳は経理が作成する売掛金の管理書類

売掛金元帳とは、会計帳簿の中でも補助簿と呼ばれるジャンルの帳簿です。具体的には**取引先別の売掛金の増減と残高を表す会計帳簿**です。会計ソフトの設定において売掛金の補助科目に取引先名を設定し、売掛金の仕訳を入力する際に該当する取引先名の補助科目を選んで入力することで右ページのような取引先別の売掛金残高が把握できる帳簿が作成されます。

売掛金元帳を見れば、その取引先に対する売掛金の回収が進んでいるのか、あるいは滞留しているのかがわかりやすくなります。補助簿ですから作成は任意ですが、実務上は多くの会社で売掛金元帳を作成し、会計帳簿なので通常は経理部門で作成し管理しています。

■ 売掛金管理表は営業が作成する売掛金の管理資料

売掛金管理表とは、一般的には営業部門が取引先別の請求と入金の履歴を管理する目的で作成する書類を指します。実務上はさまざまな形式や名称が存在しますが、例えば右ページのような形で縦に取引先名を、横に請求と入金の履歴を一覧で表示する形式があります。**売掛金管理表は会社が導入している販売管理システムの帳票として出力される**ことが多いです。

営業部門が販売管理システムを操作して納品書や請求書を発行し、売掛金が入金された際には、入金消込の操作をすることで売掛金管理表は作成されていきます。売掛金管理表を作成する会社の場合は、営業部門が作成した売掛金管理表をもとに、経理が毎月仕訳を入力する流れが一般的です。

売掛金元帳の例

売掛金を計上、または回収した日

取引内容を記入

売掛金の計上は借方に記入

売掛金の回収は貸方に記入

売掛金残高を記入

令和○年
㈱○○

売掛金管理表

日付	相手勘定科目	摘要	借方金額	貸方金額	残高
1/1		前期より繰越			3,110,400
1/31	売上高	1月分売上計上	❶ 1,100,000		4,210,400
		1月度　合計	1,100,000		
2/25	普通預金	12月分回収		3,110,400	1,100,000
2/28	売上高	2月分売上計上	2,750,000		3,850,000
		2月度　合計	2,750,000	3,110,400	
3/25	普通預金	1月分回収		❶ 1,100,000	2,750,000
3/31	売上高	3月分売上計上	550,000		3,300,000
		3月度　合計	550,000	1,100,000	
4/25	普通預金	2月分回収		2,750,000	❷ 550,000
		4月度　合計		2,750,000	

❶ ㈱○○との取引条件は販売月の翌々月25日振込

❷ 4/25の入金後の残高は3月分の550,000円で、取引条件通りに回収ができている

売掛金管理表の例

株式会社□□
令和○年○月○日締

売掛金管理表

作成年月日：令和○年○月○日

	売上伝票枚数	前回請求	入金	入金値引手数料	繰越	諸掛	返品・値引	売上	請求値引	消費税	御買上金額	今回請求
総合計	93	760,530	759,210	1,320	0	0	-3,200	624,752	-11,008	61,053	671,597	671,597

得意先	売上伝票枚数	前回請求	入金	入金値引手数料	繰越	諸掛	返品・値引	売上	請求値引	消費税	御買上金額	今回請求
株式会社○○	0	64,845	64,845	0	0	0	0	0	0	0	0	0
△△株式会社	0	1,100	1,100	0	0	0	0	0	0	0	0	0
有限会社○&△社	40	227,162	226,502	660	0	0	0	220,175	-11,008	20,916	230,083	230,083
株式会社△△	22	176,645	176,645	0	0	0	0	144,113	0	14,411	158,524	158,524
□□株式会社	1	17,688	17,028	660	0	0	0	34,290	0	3,429	37,719	37,719
有限会社○○	2	7,260	7,260	0	0	0	0	9,900	0	990	10,890	10,890
株式会社□□総合警備	3	14,986	14,986	0	0	0	0	14,843	0	1,484	16,327	16,327
株式会社□□商事	25	250,844	250,844	0	0	0	-3,200	201,431	0	19,823	218,054	218,054

取引先名　　　入金の履歴　　　請求の履歴　　　締日時点の売掛金残高

売掛金の計上基準と さまざまな仕訳

➡ 自社の計上基準や取引条件を踏まえて仕訳を行う
➡ 貸倒れの処理は法人税法上の取り扱いにも注意して行う

売掛金の計上と消込

　売掛金は会社が選択した計上基準（P.119参照）に基づいて計上の仕訳を行います。なお取引の回数が多い業態の場合はあらかじめ締日を設定しておき、前回の締日の翌日から今回の締日までの取引をまとめて1枚の請求書を発行することが一般的です。この場合は、その請求書の日付で1カ月分の売掛金合計金額を仕訳します。その後、売掛金の入金があった日で入金消込の仕訳を行います。振込手数料が差し引かれて入金される場合や、手形や電子記録債権で支払われる場合もありますので、顧客と取り交わしている取引条件通りに支払われているか確認する必要があります。受注生産品の場合は、契約に基づき手付金を先にもらうことがあり、その場合はいったん前受金として仕訳を行い、商品を顧客へ納品したタイミングで売上高に振り替え、残金を売掛金へ計上します。

貸倒損失の計上基準

　商売をしていると顧客が倒産するなどして売掛金の回収ができなくなる場合があります。このような場合は売掛金を貸倒損失という費用科目へ振り替える仕訳を行います。中小企業の場合は、法人税基本通達 9 - 6 - 1、9 - 6 - 2、9 - 6 - 3 のいずれかの要件に合致するタイミングで貸倒れの処理を行います（P.230参照）。こうすることで法人税の計算上も貸倒損失が損金（≒経費）として認められ、納税額の減少につながるからです。

売掛金の入金が期日より遅れることが増えている取引先については、営業部門と情報共有し貸倒のリスクに備えて与信限度額や取引条件の見直しを検討すべき。

売掛金の仕訳例

売掛金を計上する場合

> 通常は会社が選択した計上基準に基づく日付か、発行した請求書の日付で仕訳を行う

日付	1月31日

借方			貸方			摘要
科目	金額	消費税区分	科目	金額	消費税区分	
売掛金	1,100,000	対象外	売上高	1,100,000	課税売上10%	株式会社○○ 1月分売上計上

> 売上高の消費税区分は、会社が販売する商品やサービスの内容によって変わる

銀行振込で回収した場合

日付	3月25日

借方			貸方			摘要
科目	金額	消費税区分	科目	金額	消費税区分	
普通預金	1,100,000	対象外	売掛金	1,100,000	対象外	株式会社○○ 1月分回収

銀行振込で回収した場合（振込手数料相当額を差し引いて入金された）

日付	3月25日

借方			貸方			摘要
科目	金額	消費税区分	科目	金額	消費税区分	
普通預金	1,099,560	対象外	売掛金	1,100,000	対象外	株式会社○○ 1月分回収
支払手数料	440	課税売上返還				株式会社○○ 1月分回収 振込手数料

> インボイス制度開始以降は、自社が販売した商品の消費税率が10%である場合で、顧客がその対価について振込手数料相当額を差し引いて振り込んできたとき（＝売手である自社が負担した振込手数料）の消費税区分上は売上値引（課税売上返還）として処理することで、顧客からの追加資料が不要になる

Advice

法人税法上の貸倒要件

　貸倒損失を法人税計算上の損金とするためには法人税基本通達9-6-1、9-6-2、9-6-3のいずれかの要件を満たす必要があります。売掛金の貸倒れについては、1年以上取引も入金もない場合に備忘価格を残した残額を貸倒損失に計上できる9-6-3の使い勝手がよいです。

第4章 月々の経理業務～お金の流れの管理

電子記録債権で回収した場合

日付	3月25日

借方			貸方			
科目	金額	消費税区分	科目	金額	消費税区分	摘要
電子記録債権	1,100,000	対象外	売掛金	1,100,000	対象外	株式会社○○　1月分回収 電子記録債権 記録番号＊＊＊＊

電子記録債権の支払期日が到来し当座預金へ入金された場合

日付	4月25日

借方			貸方			
科目	金額	消費税区分	科目	金額	消費税区分	摘要
当座預金	1,100,000	対象外	電子記録債権	1,100,000	対象外	電子記録債権決済 記録番号＊＊＊＊

手付金を受け取った場合

日付	3月25日

借方			貸方			
科目	金額	消費税区分	科目	金額	消費税区分	摘要
普通預金	1,650,000	対象外	前受金	1,650,000	対象外	株式会社○○ □□商品手付金30%

手付金を受け取った商品が完成し納品した場合

日付	9月25日

借方			貸方			
科目	金額	消費税区分	科目	金額	消費税区分	摘要
前受金	1,650,000	対象外	売上高	5,500,000	課税売上10%	株式会社○○ □□商品手付金30%
売掛金	3,850,000	対象外				株式会社○○ □□商品残高70%

売掛金の貸倒処理をした場合

日付	3月31日

借方			貸方			
科目	金額	消費税区分	科目	金額	消費税区分	摘要
貸倒損失	299,999	課税売上貸倒	売掛金	299,999	対象外	株式会社○○ 法人税基本通達9-6-3

買掛金の処理の流れと計上基準

POINT

➡ 買掛金は仕入先と交わした支払条件どおりに支払う
➡ 経理社員は自社の買掛金計上基準を把握しておく

買掛金は支払条件に従って支払う

　材料や商品の仕入を行って代金は後日支払う場合、買掛金を貸方へ計上します。**買掛金とは、仕入において信用取引を行った際に仕訳の貸方へ計上する金銭債務（＝将来お金を払う義務）を表す勘定科目です。** 買掛金として計上した金額は仕入先との支払条件に従って、期日までに支払いを行う必要があります。支払条件にはさまざまなものがあり、「20日締め翌月25日振込」「月末締め翌月末60日手形」「月末締め翌月25日現金（50％）60日手形（50％）」など業界や会社ごとにパターンがあります。このとき支払いの内訳を表す「支払通知書」を仕入先に発行する会社もあります。買掛金の支払いが遅れると、今後の取引において信用取引を拒否されて現金仕入しかできなくなったり、取引中止となったりするなど、会社の経営に重大な影響があります。経理社員は取引先ごとの支払条件を把握し、その条件に従って確実に支払いが行われるよう管理することが求められます。

買掛金（仕入）の計上基準

　買掛金をどの時点で認識するかは会社ごとにルールを決めて運用します。**実務上は「出荷基準（発送基準）」「入荷基準（受取基準）」「検収基準」のいずれかの基準で計上することが多いです**（次ページ参照）。売上金（売上）の計上基準（P.119参照）同様、業績の期間比較を行う観点から、一度採用した計上基準は毎期継続して適用する必要があります。

豆知識 買掛金を手形で支払った場合は、数カ月後の手形の支払期日に当座預金から券面額が引落しされるので、残高不足で不渡りにならないよう手形の期日管理も重要。

買掛金の処理の流れ

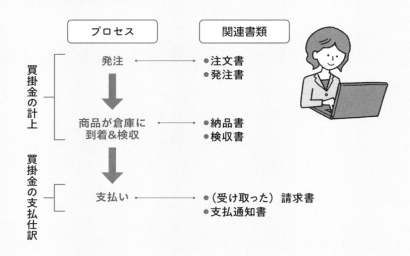

| プロセス | | 関連書類 |

買掛金の計上
- 発注 ──● 注文書
　　　　　● 発注書
- 商品が倉庫に到着&検収 ──● 納品書
　　　　　　　　　　　　　● 検収書

買掛金の支払仕訳
- 支払い ──● （受け取った）請求書
　　　　　● 支払通知書

在庫管理をシステムで行っている会社の場合、在庫が一定数を下回ると自動で発注が行われる業務フローになっている場合もあります。

中小企業で用いられる一般的な仕入計上基準

名称	計上日	内容
出荷基準（発送基準）	仕入先が出荷した日	グループ会社間での取引や、同じ取引先から継続的かつ大量に仕入を行う場合などに採用されている
入荷基準（受取基準）	商品を受け取った日（納品書の日付など）	注文した商品が自社の倉庫などに到着した日で仕入を計上する基準。汎用品の仕入で用いられることが多い
検収基準	商品の検収が完了した日（検収書の日付など）	注文した商品に不具合がないか確認したのちに仕入を計上する基準。実務において多く採用されている

買掛金元帳と買掛金管理表

POINT
→ 買掛金元帳は会計ソフトで作成される会計帳簿
→ 買掛金管理表は発注部門が作成する社内資料

買掛金元帳は経理が作成する買掛金の補助簿

　買掛金元帳とは、会計帳簿の中でも補助簿と呼ばれるジャンルの帳簿です。具体的には仕入先別の買掛金の増減と残高を表す会計帳簿であり、会計ソフトで買掛金の補助科目に仕入先名を設定し、買掛金の仕訳を入力する際に該当する仕入先名の補助科目を選んで入力することで、次ページのような仕入先別の買掛金残高が把握できる帳簿が作成されます。**買掛金元帳を作成すると、その仕入先に対する買掛金の残高が一目でわかるため、支払漏れの有無や、仕訳の入力間違いなどを探しやすくなります。**また、決算時には仕入先別の買掛金残高を「勘定科目内訳書」という書類へ記載するため、その際の資料としても有用です。

　補助簿ですから作成は任意ですが、実務上は多くの会社で買掛金元帳を作成しています。会計帳簿なので通常は経理部門で作成し管理しています。

買掛金管理表は発注部門が作成する買掛金の資料

　買掛金管理表とは、一般的には購買部門や調達部門など会社の発注部門が仕入先別の仕入と支払いの履歴を管理するために作成する書類を指します。

　実務上はさまざまな形式や名称のものが存在しますが、例えば次ページのような形式があります。買掛金管理表はエクセルなどを用いて作成する場合もあれば、会社が導入している購買システムの帳票として出力されることもあります。

豆知識　月次決算を行う際には、購買部門等で作成している買掛金管理表の当月残高と、経理部門が作成する買掛金元帳の当月末残高が一致していることを確認する。

買掛金元帳の例

令和〇年
△△㈱

買掛金元帳

日付	相手勘定科目	摘要	借方金額	貸方金額	残高
1／1		前期より繰越			2,322,000
1／25	仕入高	1月分計上		3,025,000	5,347,000
1／31	普通預金	11月分支払	774,000		4,573,000
		1月度　合計	774,000	3,025,000	
2／25	仕入高	2月分計上		2,832,500	7,405,500
2／28	普通預金	12月分支払	1,548,000		5,857,500
		2月度　合計	1,548,000	2,832,500	
3／25	仕入高	3月分計上		1,512,500	7,370,000
3／31	普通預金	1月分支払	3,025,000		4,345,000
		3月度　合計	3,025,000	1,512,500	

△△㈱との支払条件
25日締翌々月末振込

3/31支払後の残高は
2月計上　2,832,500円
3月計上　1,512,500円
の合計　4,345,000円
支払条件どおりに支払って
いることがわかる

買掛金管理表の例

支払先名	支払条件	令和〇年1月				令和〇年2月
		前月残高	当月仕入	当月支払	当月残高	前月残高
△△ 株式会社	25日締 翌々月末振込	1,200,000	1,400,000	900,000	1,700,000	1,700,000
有限会社 〇〇	月末締 翌月25日現金50% 60日手形50%	700,000	900,000	700,000	900,000	900,000
⋮	⋮	⋮	⋮	⋮	⋮	⋮

支払条件に従って、令和〇年1月仕
入を翌月に支払っている

支払条件に従って、令和〇年1月
仕入を2カ月後に支払っている

令和〇年2月			令和〇年3月			
当月仕入	当月支払	当月残高	前月残高	当月仕入	当月支払	当月残高
1,100,000	300,000	2,500,000	2,500,000	2,500,000	1,400,000	3,600,000
500,000	900,000	500,000	500,000	1,500,000	500,000	1,500,000
⋮	⋮	⋮	⋮	⋮	⋮	⋮

買掛金の計上基準と さまざまな仕訳

POINT
➡ 自社の計上基準や支払条件に基づき買掛金の仕訳を行う
➡ 買掛金元帳の残高が理論値と一致しているか確認を行う

買掛金の計上と支払いの仕訳

　買掛金は原則として会社が選択した計上基準（P.126参照）に基づいて計上の仕訳を行います。**通常は事前に支払条件を決めてから取引を行うため、自社が認識している買掛金計上額と、仕入先から送付される請求書の金額は一致します。**

　一方で、自社が採用している買掛金の計上基準と、仕入先が採用している売掛金の計上基準が異なる場合が実務上、稀にあります。例えば、自社は入荷基準で買掛金を計上しているのに対し、仕入先は出荷基準で売掛金を計上している場合です。この場合、仕入先からの請求書金額は出荷基準で集計されているのに対し、自社は買掛金を入荷基準で計上するため、締日前後で輸送中の商品がある場合に自社が認識している買掛金の金額と、仕入先が送ってくる請求書の金額に差異が生じます。こういった場合、**中小企業の実務ではいったん請求書の金額で買掛金の計上と支払いを行い、月次決算や年次決算の際に、自社の計上基準になるよう仕訳を追加することが多いです。**

　銀行振込や電子記録債務の発生記録など買掛金の支払手続きを行ったら、買掛金の支払仕訳を入力します。入力後、買掛金元帳などで残高を確認し、支払条件に基づく理論上の残高と会計帳簿の残高が一致しているか確認します。一致していない場合は支払処理に問題があるか、買掛金の計上仕訳や支払仕訳の間違いがある可能性があるため、原因を追求して対応します。また、契約に基づき手付金を払う場合は、手付金支払時に前渡金として仕訳を行い、商品が入荷あるいは検収されたタイミングで仕入高に振り替え、残金を買掛金として計上します。

買掛金の仕訳例

買掛金を計上する場合

日付	1月25日

通常は会社が選択した計上基準に基づく日付か、支払条件で定めた締日の日付で計上する

借方			貸方			
科目	金額	消費税区分	科目	金額	消費税区分	摘要
仕入高	3,025,000	課税仕入10%	買掛金	3,025,000	対象外	△△株式会社　1月分計上

仕入高の消費税区分は、会社が購入する商品やサービスの内容によって変わる

銀行振込で支払った場合

日付	3月31日

借方			貸方			
科目	金額	消費税区分	科目	金額	消費税区分	摘要
買掛金	3,025,000	対象外	普通預金	3,025,000	対象外	△△株式会社　1月分支払

買掛金の支払処理が実行されたあとで、買掛金の消込仕訳を入力する

銀行振込で支払った場合（振込手数料を負担した）

日付	3月31日

借方			貸方			
科目	金額	消費税区分	科目	金額	消費税区分	摘要
買掛金	3,025,000	対象外	普通預金	3,025,440	対象外	△△株式会社　1月分支払
支払手数料	440	課税仕入10%				△△株式会社 1月分支払　振込手数料

銀行振込時の振込手数料を支払側と受取側のどちらが負担するかについては、業界の慣習や取引先との取り決めに応じて決まります。

電子記録債務の発生記録を行った場合

日付	3月31日

借方			貸方			
科目	金額	消費税区分	科目	金額	消費税区分	摘要
買掛金	3,025,000	対象外	電子記録債務	3,025,000	対象外	△△株式会社 1月分支払 電子記録債務 記録番号＊＊＊＊

電子記録債務の支払期限が到来し、当座預金から払込した場合

日付	4月30日

借方			貸方			
科目	金額	消費税区分	科目	金額	消費税区分	摘要
電子記録債務	3,025,000	対象外	当座預金	3,025,000	対象外	電子記録債務払込 記録番号＊＊＊＊

手付金を支払った場合

日付	3月25日

借方			貸方			
科目	金額	消費税区分	科目	金額	消費税区分	摘要
前渡金	1,650,000	対象外	普通預金	1,650,000	対象外	△△株式会社 □□商品手付金30%

手付金を支払った商品が完成し納品された場合

日付	9月25日

借方			貸方			
科目	金額	消費税区分	科目	金額	消費税区分	摘要
仕入高	5,500,000	課税仕入10%	前渡金	1,650,000	対象外	株式会社○○ □□商品手付金30%
			買掛金	3,850,000	対象外	株式会社○○ □□商品残金70%

> 電子記録債務で支払った場合は、支払期日になると預金から発生記録の金額が引落しされるので、手形同様に期日の管理を行い、残高不足で支払不能にならないようにします。

第**4**章 月々の経理業務〜お金の流れの管理

インボイス制度における
請求書・領収書

POINT
➡ インボイスの記載要件を理解する
➡ インボイスを発行する側と受け取る側で注意点が異なる

消費税のインボイス制度とは

　2023年10月１日から消費税のインボイス制度が開始されました。制度開始前の2023年９月30日までの取引については、免税事業者（＝一定の条件のもとで消費税の納税義務が免除されている事業者）へ支払った消費税相当額も自社の消費税申告書作成時に差し引くことができました。しかし制度開始後の取引からは、**インボイス発行事業者として国税庁へ登録した事業者へ支払った消費税だけが、自社の申告書作成時に控除できる、というルールに変わりました**（右ページ参照）。

　なお、制度開始前から消費税の課税事業者として消費税を納税していた会社であったとしても、インボイス発行事業者になるためには国税庁へ申請書を提出し、登録番号の通知を受ける必要があります。右ページの問屋のように事業者向けの商売をしている会社の場合、**自社がインボイス発行事業者として登録しないと取引先（右ページの場合は小売店）の消費税納税額が増えるため**、インボイス発行事業者としての登録を前向きに検討する必要があるといえます。

　複雑なインボイス制度ですが、自社が「消費税を受け取る立場」の場合と「消費税を支払う立場」の場合で注意すべき点が異なります。以下で自社がインボイス発行事業者であることを前提として、それぞれの立場での注意点を解説します。

自社が消費税を受け取る立場の場合

　自社が消費税を受け取る立場の場合は、自社が発行する請求書や領収書をインボイス（**正式名称は適格請求書**）**の記載事項を満たす形式で作成し、取引先へ交付しなければなりません**（インボイスの記載事項についてはP.135参照）。また交付したインボイスの写しを保存する義務もあります。インボイスの様式に法令上

2023年9月30日までの取引

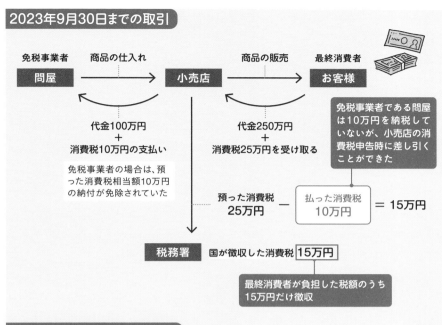

免税事業者　商品の仕入れ　　　　　商品の販売　　最終消費者

問屋 → **小売店** → **お客様**

代金100万円
+
消費税10万円の支払い

免税事業者の場合は、預った消費税相当額10万円の納付が免除されていた

代金250万円
+
消費税25万円を受け取る

免税事業者である問屋は10万円を納税していないが、小売店の消費税申告時に差し引くことができた

預った消費税
25万円
−
払った消費税
10万円
= **15万円**

税務署　国が徴収した消費税 15万円

最終消費者が負担した税額のうち15万円だけ徴収

2023年10月1日以降の取引

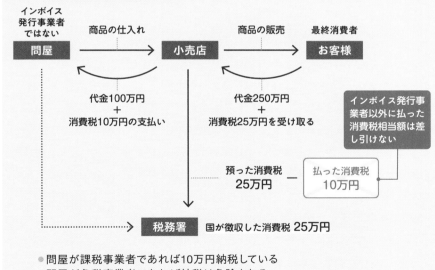

インボイス発行事業者ではない　商品の仕入れ　　　　商品の販売　　最終消費者

問屋 → **小売店** → **お客様**

代金100万円
+
消費税10万円の支払い

代金250万円
+
消費税25万円を受け取る

インボイス発行事業者以外に払った消費税相当額は差し引けない

預った消費税
25万円
−
払った消費税
10万円

税務署　国が徴収した消費税 **25万円**

● 問屋が課税事業者であれば10万円納税している
● 問屋が免税事業者であれば納税は免除される

※「課税事業者だがインボイス発行事業者ではない」という取引先も存在する

の決まりはなく記載事項を満たしていればよいので、実務上はこれまで使っていた請求書や領収書のひな型をインボイス対応のものに変更することで対応するケースが多いでしょう。

自社が消費税を支払う立場の場合

自社が消費税を支払う立場の場合は、**支払先から受け取る請求書や領収書がインボイスに該当するか該当しないか、という点に注意が必要**です。支払先がインボイス発行事業者であれば、Tから始まる登録番号などが記載されたインボイスの記載事項を満たす請求書や領収書を受け取るはずです。一方、支払先がインボイス発行事業者でない場合は、インボイスの記載事項を満たさない請求書や領収書を受け取ります。**インボイスに該当する場合と該当しない場合で、自社が入力する仕訳が異なります**（P.136参照）。

また2029年9月30日の取引までは「免税事業者などからの仕入れに係る経過措置」というものがあり、インボイス発行事業者以外に支払った場合でも一定の金額を自社の消費税申告書作成時に差し引くことができます。したがって経過措置の適用がある期間については、それに対応した仕訳を入力する必要があります。

さまざまな特例措置

前述した「免税事業者などからの仕入れに係る経過措置」以外にも、「帳簿のみの保存で仕入税額控除が認められる場合」があり、**3万円未満の公共交通機関による旅客の輸送などは、インボイスの受領がなくても一定の事項を会計帳簿へ記載することで、支払った消費税を自社の消費税申告書作成時に差し引くことができます**（P.102参照）。この他に中小零細企業向けの特例措置として、「基準期間の課税売上高が1億円以下又は特定期間の課税売上高が5,000万円以下の事業者は1万円未満の仕入れなどについては適格請求書の保存を要しない特例」や、「小規模事業者に係る税額控除に関する経過措置（2割特例）」もあります。これらの措置の一部には期限があるので、自社に関係のある特例措置の要件や期限をよく理解しておく必要があります。

キーワード

電子インボイス：適格請求書を電子データ化したもの。電子帳簿保存法に準じて保存することで支払った消費税を消費税申告書作成時に差し引くことができる。

適格請求書の記載事項

適格請求書に必要な記載事項は、以下のとおりです。

様式は、法令または通達等で定められておらず、必要な事項が記載されたものであれば、名称を問わず、また、手書きであっても、適格請求書に該当します。

記載事項
- 下線の項目が、これまでの区分記載請求書の記載事項に追加される事項です。
- 不特定多数の者に対して販売等を行う小売業、飲食店業、タクシー業等に係る取引については、適格請求書に代えて、適格簡易請求書を交付することができます。

適格請求書
❶ 適格請求書発行事業者の氏名または名称及び<u>登録番号</u>
❷ 取引年月日
❸ 取引内容（軽減税率の対象品目である旨）
❹ 税率ごとに区分して合計した対価の額（税抜きまたは税込み）<u>及び適用税率</u>
❺ 税率ごとに区分した<u>消費税額等</u>※
❻ 書類の交付を受ける事業者の氏名または名称

適格簡易請求書
❶ 適格請求書発行事業者の氏名または名称及び<u>登録番号</u>
❷ 取引年月日
❸ 取引内容（軽減税率の対象品目である旨）
❹ 税率ごとに区分して合計した対価の額（税抜きまたは税込み）
❺ 税率ごとに区分した<u>消費税額等</u> ※または適用税率

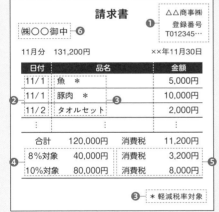

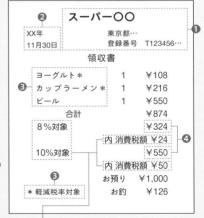

※❺の「税率ごとに区分した消費税額等」の端数処理は、一つの適格請求書につき、税率ごとに1回ずつとなる。

❺適用税率又は消費税額等のどちらかを記載
※両方記載することも可能

※国税庁「適格請求書等保存方式の概要」から

商店街の個人商店や大手チェーン以外の飲食店などはインボイス発行事業者ではない可能性もあるので特に注意して領収書を確認しましょう。

135

インボイスの仕訳例

受け取った請求書等がインボイスに該当する場合

| 借方 | | | 貸方 | | | | |
科目	金額	消費税区分	科目	金額	消費税区分	摘要	請求書区分
仕入高	3,025,000	課税仕入	買掛金	3,025,000	対象外	△△株式会社 11月分計上	適格100%

> インボイス制度に対応する会計ソフトの場合、受け取った請求書等がインボイス（＝適格請求書）かどうかを入力する欄が新設されているので、インボイスに該当する場合はその旨を選択して入力する

受け取った請求書等がインボイスに該当しない場合
（2026年9月30日取引分まで）

| 借方 | | | 貸方 | | | | |
科目	金額	消費税区分	科目	金額	消費税区分	摘要	請求書区分
仕入高	3,025,000	課税仕入	買掛金	3,025,000	対象外	△△株式会社 11月分計上	区分記載80%

> 2023年10月1日〜2026年9月30日の取引までは、インボイス発行事業者以外に支払った消費税についてはその80%を当社の消費税申告書作成時に差し引くため、その旨の選択をして入力する

受け取った請求書等がインボイスに該当しない場合
（2026年10月1日から2029年9月30日取引分まで）

| 借方 | | | 貸方 | | | | |
科目	金額	消費税区分	科目	金額	消費税区分	摘要	請求書区分
仕入高	3,025,000	課税仕入	買掛金	3,025,000	対象外	△△株式会社 11月分計上	区分記載50%

> 2026年10月1日〜2029年9月30日の取引までは、インボイス発行事業者以外に支払った消費税についてはその50%を当社の消費税申告書作成時に差し引くため、その旨の選択をして入力する

受け取った請求書等がインボイスに該当しない場合
（2029年10月1日以降取引分）

| 借方 | | | 貸方 | | | | |
科目	金額	消費税区分	科目	金額	消費税区分	摘要	請求書区分
仕入高	3,025,000	課税仕入	買掛金	3,025,000	対象外	△△株式会社 11月分計上	控除不可

> 2029年10月1日以降の取引からは、インボイス発行事業者以外に支払った消費税については当社の消費税申告書作成時に差し引くことができなくなるため、その旨の選択をして入力する

※会計ソフトによっては、「消費税区分」欄でインボイスに該当しない場合の区分を選択する仕様になっている場合もある

金融機関からの
借入金の仕訳

POINT
➡借入時には融資計算書をもとに仕訳を行う
➡返済時には返済明細表をもとに仕訳を行う

金融機関からの借入資料に基づき仕訳を行う

　中小企業の資金調達は金融機関からの借入で行うことが一般的です。金融機関から新たに借入を行うと、契約書の印紙代、契約手数料、日割りの利息などが差し引かれたあとの融資金額が預金口座へ入金されます。したがって、入金された金額だけでは差し引かれた内訳がわからないため、金融機関が発行する融資計算書から差し引かれた金額の明細を確認して仕訳を行います。

　金融機関からの借入金の返済は、金銭消費貸借契約証書に記載された返済日に預金口座からの引き落としで行われます。返済方法には「元金均等返済」と「元利均等返済」の2種類があります。**「元金均等返済」とは、毎回同じ金額の元金を返済するとともに、別途利息を支払う返済方法です。これに対して「元利均等返済」とは元金と利息をあわせた毎回の定額返済額を決めておき、定額返済額の中でまず利息を支払い、残りを元金の返済に充てるという返済方法です。**返済日に預金口座から引き落としされる際には、通常は元金分と利息分を合算した金額が引き落としされます。したがって経理が返済の仕訳を入力する際には、引き落とし額のうち元金返済部分と支払利息部分を、自分で分けて仕訳を行う必要があります。毎回の元金返済額が同額である「元金均等返済」の場合は、引き落とし金額から元金返済額を差し引けば支払った利息金額がわかりますが、「元利均等返済」の場合は、毎回元金返済額と支払利息額の内訳が変わるため、金融機関が発行する「返済明細表」を入手し、それに従って仕訳を入力します。

豆知識 借入金の期末残高と一事業年度で支払った利息は、決算で作成する「勘定科目内訳明細書」へ借入ごとに分けて記載するので、補助科目を設定して集計しやすくする。

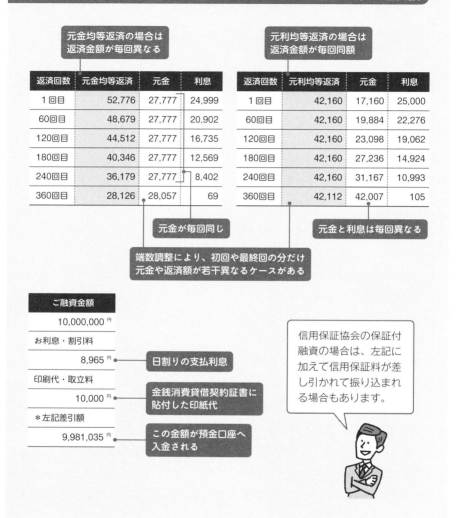

借入金1,000万円、金利3%（固定金利型）、返済期間30年の返済額

元金均等返済の場合は返済金額が毎回異なる

返済回数	元金均等返済	元金	利息
1回目	52,776	27,777	24,999
60回目	48,679	27,777	20,902
120回目	44,512	27,777	16,735
180回目	40,346	27,777	12,569
240回目	36,179	27,777	8,402
360回目	28,126	28,057	69

元利均等返済の場合は返済金額が毎回同額

返済回数	元利均等返済	元金	利息
1回目	42,160	17,160	25,000
60回目	42,160	19,884	22,276
120回目	42,160	23,098	19,062
180回目	42,160	27,236	14,924
240回目	42,160	31,167	10,993
360回目	42,112	42,007	105

元金が毎回同じ

元金と利息は毎回異なる

端数調整により、初回や最終回の分だけ元金や返済額が若干異なるケースがある

ご融資金額	
10,000,000 円	
お利息・割引料	
8,965 円	● 日割りの支払利息
印刷代・取立料	
10,000 円	● 金銭消費貸借契約証書に貼付した印紙代
＊左記差引額	
9,981,035 円	● この金額が預金口座へ入金される

信用保証協会の保証付融資の場合は、左記に加えて信用保証料が差し引かれて振り込まれる場合もあります。

Advice

金融機関との付き合い

　会社と金融機関の関係性は担当者によって左右されることが多く、優秀な担当者の場合は事業に関連する提案をするなど、良好な関係を築くことができます。一方、金融機関の担当者は数年で異動していくので、関係性が変わることもよくあります。常に複数の金融機関との付き合いを同時並行で行うとよいでしょう。

金融機関からの借入金の仕訳

借入時の仕訳

日付	9月25日

> 融資が実行された日＝預金口座へ入金された日で仕訳を行う

借方　　　　　　　　　　　　　　**貸方**

科目	金額	消費税区分	科目	金額	消費税区分	摘要
普通預金	9,981,035	対象外	長期借入金	10,000,000	対象外	○○銀行　証書貸付
支払利息	8,965	非課税仕入				○○銀行　証書貸付 日割利息
租税公課	10,000	対象外				○○銀行　証書貸付 契約書印紙

返済時の仕訳

日付	10月25日

> 返済予定表から元金と利息を確認して仕訳を行う

借方　　　　　　　　　　　　　　**貸方**

科目	金額	消費税区分	科目	金額	消費税区分	摘要
長期借入金	71,861	対象外	普通預金	97,894	対象外	○○銀行　返済
支払利息	26,033	非課税仕入				○○銀行　借入利息

経理として借入時や返済時の仕訳を正しく行うことはもちろんのことですが、「資金繰り」の観点から「現状の融資条件でよいのか」「借換えの検討が必要ではないか」という視点も持つようにしましょう。

Q&A

Q. 信用保証協会とは？

A. 信用保証協会法に基づき設立された公的な機関であり、信用力の低い中小企業や小規模事業者が金融機関から融資を受けられるように各事業者の債務保証サービスを提供しています。融資先が返済に行き詰まった場合は、信用保証協会が金融機関へ肩代わり返済（＝代位弁済）して、信用保証協会が回収を行います。信用保証協会を利用して融資を受ける場合は一定の信用保証料を支払います。

資金繰り表の作成と 情報収集

➡資金繰り表は会社の実態に合わせた形式で作成する
➡将来見込みは他部門から情報収集した結果も反映させる

資金繰り表で倒産を防ぐ

複式簿記のルールでは、**収益を実現主義で、費用を発生主義で計上します**（P.61参照）。これらは必ずしも入出金に合わせて仕訳を行うわけではないため、収益や費用の動きと実際のお金の動きは一致しません。したがって損益計算書上で収益から費用を差し引いて利益が出ていたとしても、その利益と同額のお金が増えているとはいえません。また、会社は利益が出ていなくてもすぐには倒産しませんが、手元のお金が不足し、「手形の決済ができず不渡りを出す」「買掛金の支払いが期日に遅れる」「銀行への返済が遅れる」などの状態になると信用不安から倒産へつながることになります。

そこで、経理部門の重要な業務のひとつに資金繰り業務があります。具体的には**資金繰り表を作成し、そこで手元資金の不足が予想される場合は、経営者と相談して新たな借入をするなどの対応を行います**。資金繰り表は社内資料であり形式は自由なので、自社の規模や業態に合わせたものを作成すればよいでしょう。

一般的にはエクセルなどを利用して、縦に「前月繰越」「収入項目」「支出項目」「次月繰越」、横に年月を並べます。「収入項目」や「支出項目」は必要に応じて項目を細分化します（右ページ参照）。数値はこれまでの実績と将来の見込みを入力し、見込み値で将来資金不足になるようであれば、経営者と情報共有して具体的な対策を行います。将来見込みについて経理部門で把握できない情報は他部門から情報収集し、できるだけ正確な見込み数値を反映させる必要があります。

豆知識 基本的に資金繰り表は月次で作成していくが、大口の支払いが予定される月は日次の資金繰り表を作成する場合もある。

資金繰り表の例

最初は見込数値を入力し、実績数値が出た段階で書きかえていく

（単位：千円）

		実績 2024年1月	実績 2024年2月	見込 2024年3月	見込 2024年4月	見込 2024年5月	見込 2024年6月	見込 2024年7月	見込 2024年8月
前月繰越		10,000	6,435	17,070	21,605	21,940	26,775	26,210	22,645
営業収支	1 売上収入 現金売上	5,000	1,200	600	600	600	600	600	600
	売掛金回収	20,000	30,000	21,000	16,80				
	手形期日落ち	0	0	0					
	前受金	0	0	0					
	その他	0	0	0					
	売上収入計	25,000	31,200	21,600	17,40				
	2 変動支出 現金仕入	1,000	500	500	50				
	買掛金支払	22,000	15,000	12,000	12,00				
	手形決済	0	0	0					
	外注費	3,000	2,500	2,000	2,00				
	前渡金	0	0	0					
	その他	0	0	0					
	変動支出計	26,000	18,000	14,500	14,500	10,000	10,000	10,000	10,000
	3.粗利収支 (1-2)	−1,000	13,200	7,100	2,900	7,400	2,000	2,000	2,000
	4 固定支出 人件費支払	1,000	1,000	1,000	1,000	1,000	1,000	4,000	1,000
	家賃支払	300	300	300	300	300	300	300	300
	その他販売管理費支払	800	800	800	80				
	社会保険料支払	300	300	300	30				
	税金支払	100	100	100	10				
	その他固定費支払	10	10	10					
	固定支出計	2,510	2,510	2,510	2,510	2,510	2,510	5,510	3,710
	5.営業収支 (3-4)	−3,510	10,690	4,590	390	4,890	−510	−3,510	−1,710
営業外収支	6 営業外収入 雑収入	0	0	0					
	固定資産売却収入	0	0	0					
	その他営業外収入	0	0	0					
	営業外収入計	0	0	0					
	7 営業外支出 雑損失	0	0	0					
	固定資産購入支出	0	0	0					
	その他営業外支出	0	0	0					
	営業外支出計	0	0	0	0	0	0	0	0
	8.営業外収支 (6-7)	0	0	0	0	0	0	0	0
経常収支	5+8	−3,510	10,690	4,590	390	4,890	−510	−3,510	−1,710
財務収支	9 財務収入 新規借入	0	0	0					
	その他	0	0	0					
	財務収入計	0	0	0					
	10 財務支出 借入金返済	50	50	50					
	支払利息	5	5	5					
	その他	0	0	0					
	財務支出計	55	55	55	55	55	55	55	55
	財務収支 (9-10)	−55	−55	−55	−55	−55	−55	−55	−55
当月収支	経常収支＋財務収支	−3,565	10,635	4,535	335	4,835	−565	−3,565	−1,765
次月繰越	前月繰越＋当月収支	6,435	17,070	21,605	21,940	26,775	26,210	22,645	20,880

粗利収支とは、売上収入から仕入や外注費など売上の増減に連動する支出を差し引いた金額。粗利収支がマイナスの場合は、在庫の圧縮や原価率の改善などを行う必要がある。固定支出と借入金の返済（財務支出）を粗利収支のプラスになる範囲内で行うと、手元資金は増加するようになる

固定支出とは、家賃や人件費など売上の増減とは関係なく定期的に支出される項目。固定支出は粗利収入の範囲内に抑えることが重要

営業収支とは売上収入から変動支出と固定支出を差し引いた収支。ここがマイナスだと損益分岐点を下回っていることを表す。その場合、営業戦略の見直し、原価率の改善、固定支出の削減などの対策が必要

当月末資金がマイナスになる月で資金ショートすることになる。それを防ぐために、在庫の圧縮、固定費の削減、銀行へ新規借入を申し込むなどの行動を起こす必要がある

大まかなお金の動きがつかめていればよいので、1円単位にこだわらず、千円単位や百万円単位で作成すればよいでしょう。

交際費のルールと取り扱いと三要件説

➡ 交際費は法人税法における取り扱いの影響を受けている
➡ 飲食費と飲食費以外に分けて整理すると理解しやすい

交際費の処理は法人税法の影響を受けている

交際費は会計上の経費であり、会議費や消耗品費などと同じように通常は損益計算書の販売費及び一般管理費へ計上されます。しかし、法人税の計算上は「冗費（＝無駄な費用）の節約」などの理由から、損金（≒法人税計算上の経費）計上額に上限が設けられています。そこで経理実務を行う際にはこのような法人税法における交際費の取り扱いを意識した処理を行っています。**法人税法上の交際費の意義については、三要件説が主流の考え方です**（右ページ参照）。会計上もこの要件に当てはまるものを「交際費」として仕訳します。法人税法における交際費は、一般的な交際費のイメージと比べて範囲が広い点に注意が必要です。

法人税法における交際費の具体的な取り扱い

法人税法上の交際費の取り扱いは「飲食費」と「飲食費以外」に分けて整理すると理解しやすくなります（右ページ参照）。飲食費については1人あたり10,000円以下の少額飲食費と10,000円超の飲食費で扱いが変わります。飲食費の交際費については参加人数や参加者氏名などを記載した書類を会社で保存することが条件になっているため、立替経費精算書の中でこれらを記載するようにするとよいでしょう。なお、**株主が大企業ではない中小企業で、毎年度の交際費が800万円を超えない会社は、会計上の交際費が法人税法上も全額損金計上できる**ため、飲食費とそれ以外の交際費をあえて分ける必要はありません。

豆知識 2024年度税制改正にて、1人あたり5,000円以下の少額飲食費について物価高を反映し金額基準が10,000円以下に引き上げられた。

法人税法における交際費の意義（三要件説）

❶ 支出の相手方が事業関係者である

➡ 事業関係者には取引先だけでなく、株主、従業員も含まれる

❷ 支出の目的が事業関係者との間の親睦の度を密にして、取引関係の円滑な進行をはかることにある

➡「事業関係者と仲良くなって商売をやりやすくする目的で」というイメージ

❸ 支出の基因となる行為の形態が、接待、供応、慰安、贈答そのほかこれに類するものである

交際費を「飲食費」と「飲食費以外」で整理

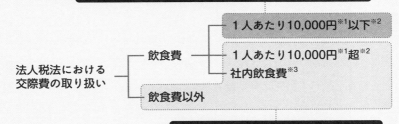

法人税の計算においても全額経費になる（損金計上額に上限がない）

法人税法における交際費の取り扱い
- 飲食費
  - 1人あたり10,000円[※1]以下[※2]
  - 1人あたり10,000円[※1]超[※2]
  - 社内飲食費[※3]
- 飲食費以外

法人税の計算における損金計上額に上限がある

※1　2024年4月1日以後に支出する飲食費の上限が10,000円に引き上げられた。

※2　「飲み会のあった年月日」「参加者の指名等」「参加人数」「飲食費の総額」「飲食店の名称、所在地」を記載した書類の保存が必要。

※3　「本社の役員を営業所の所長が接待する」など、特定の社員しか参加しない飲食。

法人税法における損金計上額の上限

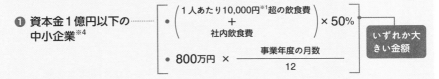

❶ 資本金1億円以下の中小企業[※4]

$$\left(\begin{array}{c} 1人あたり10,000円[※1]超の飲食費 \\ + \\ 社内飲食費 \end{array}\right) \times 50\%$$

$$800万円 \times \dfrac{事業年度の月数}{12}$$

いずれか大きい金額

❷ 資本金1億円超〜100億円以下の大企業

$$\left(\begin{array}{c} 1人あたり10,000円[※1]超の飲食費 \\ + \\ 社内飲食費 \end{array}\right) \times 50\%$$

❸ 資本金100億円超の大企業 ……… 交際費は損金計上できない

※4　資本金5億円以上の法人の100%子会社に該当する場合などは、中小企業ではなく大企業の上限ルールが適用される。

固定資産の種類と
固定資産台帳の作成

➡ 固定資産は「固定資産台帳」を使って管理する
➡ 年に1回は現物資産の棚卸しを行う

固定資産は3種類に分類される

　経理業務における固定資産とは「商売で使う目的で長期間保有する資産」を意味します。具体的には右ページのような3種類に分類され、貸借対照表へ計上されます。また「使用または時の経過により価値が減少するもの（償却資産）」と「価値が減少しないもの（非償却資産）」でも分けることができ、前者は「減価償却」という手続きを通して固定資産の購入時に払った金額（＝取得原価）を複数の期間に分割して費用計上します（減価償却については第6章参照）。**固定資産は原則としていったん資産へ計上しますが、これは「翌期以降も保有し商売に使うことで、当期のみならず翌期以降の売上獲得に貢献する資産」であるため、取得時に全額を費用計上せず、翌期以降にも分割して費用計上することで企業活動の実態をより正確に表す損益計算を行うことができる、と考えているためです。**

固定資産の管理方法

　固定資産については、固定資産台帳という補助簿を作成し管理します。会計ソフトには固定資産台帳の機能が付属しているので、会計ソフトへ仕訳入力するとともに、固定資産台帳への登録も行うとよいでしょう。**なお固定資産については現物資産に管理番号のシールを貼付したうえで、年に1回は棚卸しを行います。**棚卸しの結果、紛失、破損、遊休化しているものがある場合は、固定資産台帳へ反映するとともに、除却の仕訳を入力します。

　事業規模の大きな製造業の場合、工場の生産設備など多くの固定資産を保有しているため、経理部門に固定資産の専属担当者がいる場合もある。

固定資産の種類

有形固定資産	償却資産	建物、建物附属設備、構築物、車両運搬具、工具器具備品など
	非償却資産	土地、建物仮勘定
無形固定資産	償却資産	ソフトウエア、特許権、実用新案権、商標権、営業権など
	非償却資産	電話加入権、借地権など
投資その他の資産		投資有価証券、出資金、関係会社株式、長期貸付金、長期前払費用、敷金、差入保証金、預託金など

固定資産台帳の記入例

株式会社○○

固定資産台帳

自　令和○年1月1日　至　令和○年12月31日

勘定科目	資産コード	資産名	数量	供用年月	取得価格	償却方法 耐用年数	償却月数 償却率
建物	0001 −1	○○店舗	1.00	H.29/5	30,000,000	定額 22	12 0.046
		小計			30,000,000		
建築物	0002 −1	○○店舗駐車場舗装	1.00	H.29/5	800,000	定額 10	12 0.100
		小計			800,000		
車両運搬具	0003 −1	営業車①	1.00	R.4/2	2,200,000	200%定率 6	12 0.333
		小計			2,200,000		
工具器具備品	0004 −1	○○店舗陳列棚	1.00	R.5/3	350,000	200%定率 6	10 0.333
		小計			350,000		
合計					33,350,000		

期首帳簿価額	期中増加資産	期中減少資産	当期償却額	期末帳簿価額	償却累計額
22,180,000	0	0	1,380,000	20,800,000	9,200,000
22,180,000	0	0	1,380,000	20,800,000	9,200,000
346,667	0	0	80,000	266,667	533,333
346,667	0	0	80,000	266,667	533,333
1,528,450	0	0	508,973	1,019,477	1,180,523
1,528,450	0	0	508,973	1,019,477	1,180,523
0	350,000	0	97,125	252,875	97,125
0	350,000	0	97,125	252,875	97,125
33,000,000	350,000	0	2,289,725	31,060,275	2,289,725

少額減価償却資産の特例と償却資産税

POINT

➡ 20万円未満（中小企業だと30万円未満）で適用できる
➡ 適用期限がある特例に注意する

▰ 少額の減価償却資産に関する特例

　固定資産のうち償却資産については、原則としていったん資産計上したあとで減価償却の手続きを通じて費用を分割計上します。少額の減価償却資産については税法において3つの特例処理（右ページ参照）が認められており、この特例に沿った処理を行うことが一般的です。3つの特例のうち③の根拠法は租税特別措置法といって、適用期限が決まっている法令です。③の特例は2006年の創設以来2年ごとに適用期限が延長されて今日に至ります。2024年度税制改正で再び2年間延長されましたが、電子申告による法人税の申告が義務付けられている一定の法人で、従業員の数が300人を超えるものは除外されました。

▰ 償却資産税の実務

　償却資産の一部に対しては固定資産税が課税されます。固定資産税のうち「土地」「家屋」については課税団体である市区町村が自ら所有者を調べて課税しますが、「償却資産」については所有者自身が1月1日時点で所有している課税対象の償却資産のリストを1月31日までに市区町村へ申告する必要があります。このため償却資産に対する固定資産税のことを実務上は「償却資産税」と呼び、土地や家屋に対するものと区別しています。経理実務においては、固定資産台帳に登録する際に償却資産申告対象の有無もあわせて登録しておき、その情報をもとに償却資産申告書を作成します。

キーワード

損金経理： 右ページの少額の減価償却資産の特例のうち、①と③は取得事業年度で全額を損金経理すること（＝費用計上の仕訳を行うこと）が適用の条件となる。

少額の減価償却資産に関する特例

根拠法令	対象	内容	会計処理の一例	償却資産税の対象
①法人税法施行令第133条	取得価額が10万円未満または使用可能期間が1年未満の減価償却資産	取得事業年度で全額を費用計上できる	取得時に「消耗品費」で費用処理（固定資産台帳には登録しない）	対象外
②法人税法施行令第133条の2	取得価額が10万円以上20万円未満の減価償却資産	取得価額を3年間で均等償却できる	取得時に「一括償却資産」で資産計上（固定資産台帳に登録する）→三事業年度にわたって3分の1ずつ減価償却費へ振替計上	対象
③租税特別措置法第67条の5	取得価額10万円以上30万円未満の減価償却資産（青色申告法人である中小企業者等のみ適用可能）	取得事業年度で全額を費用計上できる（上限：一事業年度あたり取得価額合計300万円まで）	取得時に該当する資産科目（器具備品など）で資産計上（固定資産台帳に登録する）→取得事業年度の決算で全額を減価償却費に振替計上	対象

※減価償却資産であれば、有形固定資産、無形固定資産のいずれにも適用できる

償却資産申告書の記入例

償却資産が所在する市区町村へ申告する

顧問税理士を記載する

リースなど借用資産があれば記載する

Advice

償却資産申告のコツ

償却資産申告書を作成する際には、自治体がウェブサイトに公開している「申告の手引」を参考にするとよいでしょう。償却資産申告の方法は全国共通なので、どの自治体の手引でもよいのですが、内容の充実度合いは自治体によって異なります。東京都や政令指定都市などは比較的詳しい手引を毎年作成していますので、検索して利用するとよいでしょう。

無形固定資産の処理と繰延資産の取り扱い

➡ 自社の業務で利用するソフトウエアは5年で償却する
➡ 繰延資産は会計上と税務上のもので処理が異なる

■ 無形固定資産の会計処理

　無形固定資産とは「商売で使う目的で長期間保有する資産のうち形のないもの」を指します。具体的には法律上の権利（特許権、実用新案権、商標権、借地権、電話加入権など）とソフトウエア、営業権（のれん）から構成されます。**無形固定資産のうち償却資産については、税法上の耐用年数に基づき定額法という方法で残存価格0円まで減価償却を行います。**またソフトウエアについてはその用途に応じて処理方法が異なります（右ページ参照）。

■ 会計上の繰延資産と税法上の繰延資産

　繰延資産とは「支払いが完了しサービス提供を受けているが、その効果が将来にわたって続くと期待されるもの」と定義されます。繰延資産については「会計上の繰延資産」と「税法上の繰延資産」があり、それぞれ取り扱いが異なります。

　会計上の繰延資産は6つあり、原則として支払時に全額を費用計上します。ただし、貸借対照表の繰延資産の部へいったん資産計上し、一定の期間に分割して費用計上することもできます。

　税法上の繰延資産とは法人税法施行令第14条1項6号に定められているもので、**支払時には長期前払費用として資産計上し、税法が定めた期間で償却計算を行います。**なお、支出金額20万円未満の税法上の繰延資産の場合は、支払時に全額費用計上することもできます。

豆知識
有形固定資産も無形固定資産も取得価額を固定資産台帳で管理するが、消費税を税抜方式にしている会社は固定資産台帳にも税抜金額で登録する必要がある。

ソフトウエアの会計処理

ソフトウエアとは	コンピュータに一定の仕事を行わせるプログラム
	システム仕様書、フローチャート等の関連文書

用途	取り扱い	
自社の業務で利用するためのソフトウエア	無形固定資産へソフトウエアとして計上し、耐用年数5年で減価償却	
市場販売目的のソフトウエア	最初に製品化された製品マスター完成時点までの原価	研究開発費として費用計上
	製品マスター完成後の原価	無形固定資産へソフトウエアとして計上し、耐用年数3年で減価償却
研究開発で使用するソフトウエア	研究開発費として費用計上（ただし法人税法上は「研究開発のためのいわば材料となるものであることが明らかなもの」でない場合は開発研究用ソフトウエアとして耐用年数3年で減価償却※）	

※法人税基本通達7-1-8の2

会計上の繰延資産

項目	内容	原則処理	例外処理
創立費	会社設立時の登記費用など	支払時に費用計上	5年内で償却
開業費	会社の設立後の開業準備費用		5年内で償却
開発費	新たな技術、新たな経営組織の採用、市場開拓等のために特別に支出する費用		5年内で償却
株式交付費	増資の登記についての登録免許税など		3年内で償却
社債発行費	社債の発行のため支出した費用		社債の償還期間で償却
新株予約権発行費	新株予約権の発行のため支出した費用		3年内で償却

税法上の繰延資産

項目	内容	原則処理	例外処理
自己が便益を受ける公共的施設、または共同的施設の設置、または改良のための費用	●自社が便益を受ける公共的施設の設置費用の負担金（道路整備の負担金など）●自社が所属する団体の共同的施設建設のための負担金（商店街アーケードの負担金など）	長期前払費用として資産計上し、法人税法が定める期間（※）で月割償却する	支出金額が20万円未満の場合は、支出時に全額費用計上することもできる
資産を賃借し、または使用するための費用	建物を賃借する際の権利金や更新料など将来返還されない部分（店舗や事務所を借りる際の礼金など）		
役務の提供を受けるための費用	ノウハウの設定契約に際して支出する一時金（フランチャイズの加盟金など）		
広告宣伝用資産の贈与のための費用	看板、ネオンサインなどの贈与費用（メーカーが特約店に対して看板を贈与した場合のその看板の取得価額相当額など）		
その他自己が便益を受けるための費用	同業者団体への加入金（宅地建物取引業協会への入会金など）		

※法人税法施行令第64条、法人税基本通達8-2-1～8-2-5

固定資産の修繕費と資本的支出

固定資産を修理した場合の会計処理

　自社が保有する固定資産を修理した場合、一般的な感覚では「修繕費」として費用計上することが自然に感じられます。しかし、**経理実務では一定の条件を満たす場合に「新たな資産の取得」として資産計上しなければなりません。**このように修繕に関する支出を資産計上する場合を「資本的支出」と呼びます。

　資本的支出となる条件は、その修理が「固定資産の使用可能期間を延長させるもの」「固定資産の価値を増加させるもの」である場合です。例としては次のような場合があげられます。

❶ **建物の避難階段の取り付けなど物理的に追加した部分の金額**

❷ **用途変更のための模様替えなど改造、または改装に直接要した金額**

❸ **機械の部分品を特に品質、または性能の高いものに取り替えた場合のその取り替えに要した金額のうち、通常の取り替えの金額を超える部分の金額**

　また、修繕費の例としては次のような場合があげられます。

❶ **建物の移築費用や機械装置の移設費用**

❷ **地盤沈下した土地の地盛り費用や建物等の床上げ費用**

❸ **土地の水はけを良くするための費用**

　ただし、実務上はどこまでが修繕費でどこからが資本的支出か判断が難しい場面が多いため、右ページのようなフローチャートで判定しています。

豆知識　修繕費と資本的支出の区分については税務調査で指摘を受けやすい部分なので、修繕の内容が客観的かつ具体的に説明できる書類を必ず保管しておく。

修繕費・資本的支出を判断するフローチャート

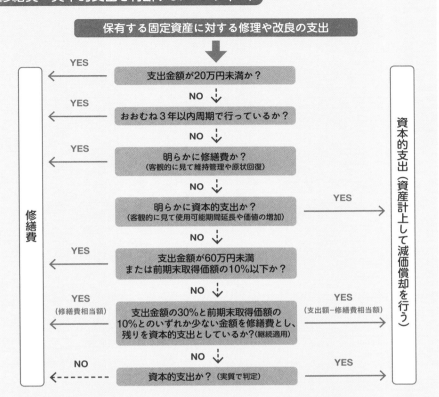

保有する固定資産に対する修理や改良の支出

YES ← **支出金額が20万円未満か？**

NO ↓

YES ← **おおむね3年以内周期で行っているか？**

NO ↓

YES ← **明らかに修繕費か？**（客観的に見て維持管理や原状回復）

NO ↓

明らかに資本的支出か？（客観的に見て使用可能期間延長や価値の増加） → YES

NO ↓

YES ← **支出金額が60万円未満または前期末取得価額の10％以下か？**

NO ↓

YES（修繕費相当額）← **支出金額の30％と前期末取得価額の10％とのいずれか少ない金額を修繕費とし、残りを資本的支出としているか？**（継続適用）→ YES（支出額－修繕費相当額）

NO ↓

NO ←------ **資本的支出か？**（実質で判定）→ YES

修繕費

資本的支出（資産計上して減価償却を行う）

※災害により被害を受けた固定資産に対する修繕の場合は、上記とは別の特例があります。
※資本的支出となった場合、原則として、もとから所有していた修理対象の減価償却資産と種類および耐用年数を同じくする減価償却資産を新たに取得したものとして、会計処理を行います。
（例）本社建物（耐用年数50年）に対して資本的支出（避難階段取り付け）100万円を行った場合

借方			貸方			
科目	金額	消費税区分	科目	金額	消費税区分	摘要
建物	1,000,000	対象外	普通預金	1,000,000	対象外	本社建物　避難階段取り付け

固定資産台帳へ新たな建物（耐用年数50年）の取得として登録する

たとえ1,000万円の修繕だとしても、おおむね3年以内周期で実施する定期修繕の場合は修繕費として処理できます。高額＝資本的支出とは限らないことを覚えておきましょう。

月次決算の流れと 業務のマニュアル化

➡月次決算は可能な限り早く仕上げることが求められる
➡毎月繰り返す業務はマニュアル化しておく

月次決算はスピード重視で作成する

　中小企業の場合、会社法や税法の要請により事業年度ごとに年次決算を行っています。年次決算で作成する決算書は法令に基づいて正確に作成する必要があり、**実務上は決算日の翌日から2カ月後の法人税や消費税の申告期限に間に合うように作成する場合が多いです**。一方、月次決算は法令で義務付けられているものではなく、経営者が会社の最新の状態を把握して、今後の経営判断に役立てるために行う作業です。具体的には月次決算で作成される試算表などの資料から「現時点でどの程度の利益なのか」「当初設定した売上や利益の目標値に対する達成度はどのくらいか」「このペースで業績が推移した場合の年次決算はどうなりそうか」などを読み取り、これからの経営の方向性を決めています。したがって**月次決算は細かい数値の正確性よりも、全体の傾向をつかめるレベルの正確性を確保しつつ、できるだけ早く作成する**ことが重要になります。

月次決算の手順

　月次決算のルールは会社ごとに異なります。やろうと思えば年次決算と同じ手順で行うことも可能ですが、中小企業の場合は現実的ではありません。そこで、実務上は年次決算で行う作業のいくつかを簡略化して行う場合が多いでしょう（右ページ参照）。自社の**月次決算作業をマニュアルやチェックリストにしておけば、素早く正確な月次決算作業を行う手助けになる**ことでしょう。

豆知識　業績を部門別に管理する場合、間接部門（総務、人事、経理など本社部門）の経費は会社が決めた基準で各部門に配賦すると正確な部門ごとの業績がわかる。

中小企業の月次決算手順の一例

❶ 現金及び預金の仕訳をすべて入力し、
会計帳簿上の残高を出納帳や銀行通帳の値と合わせる

❷ 当社が発行した請求書控えをもとに売掛金及び売上高を計上

❸ 当社が受け取った請求書をもとに仕入高などの原価科目及び買掛金を計上

❹ 前年度の売上原価率を②で確定させた売上高に乗じて、
現時点での売上原価を求めて仕訳入力し、売上総利益を確定させる

※商品在庫や作業の仕掛がない商売の場合、この手順は不要。
※商品在庫や作業の仕掛残高が月毎にあまり変動しない会社の場合、この手順を省略してもよい。
※在庫管理システムや原価計算システムを導入し、月次で数値管理できている会社の場合は、シ
　ステム上の数値をもとに仕訳を入力する。

❺ 販売管理費については、受け取った請求書をもとに来月以降に支払うものを
未払金に計上するとともに、減価償却費の月次計上、引当金繰入の月次計上、
前払費用など経過勘定の期間按分計上を行う

❻ 消費税については、会計ソフトの消費税申告書作成機能を
利用して現時点での納付額を計算し未払消費税等へ計上する

❼ 法人税、住民税及び事業税については、現時点の税引前当期純利益に
法人税等の実効税率を乗じて計算した金額と法人住民税均等割の金額を
未払法人税等へ計上する

※中小企業の経理部門が行う月次決算実務においては、この作業は省略することが多い。

❽ 試算表や月次推移表など経営者へ報告する資料を作成する

月次で試算表を作成して比較する

➡ 実務では合計残高試算表の形式で作成する
➡ 試算表は比較することで価値を発揮する

■ 経理実務で作成する試算表とは

　日商簿記検定試験3級の出題範囲に「試算表の作成」という項目があります。そのため、3級の受験勉強においては試算表の種類として「合計試算表」「残高試算表」「合計残高試算表」の3種類を学習します。**「合計試算表」とは各勘定科目の借方合計と貸方合計を集計し表示する試算表**であり、**「残高試算表」とは勘定科目ごとの貸借合計の結果のみを表示した試算表**です。そして「合計残高試算表」は文字どおり「合計試算表」と「残高試算表」をあわせた試算表です。

　実務において試算表は会社の経営状態を読み解く資料として作成します。したがって勘定科目ごとの残高を把握できる「残高試算表」の情報が重要になるのですが、「合計試算表」で借方と貸方のそれぞれの金額を確認することでイレギュラーな取引の有無や会計処理の間違いに気づくこともできます。そのため経理実務では「合計残高試算表」を作成することが一般的です。

　また、簿記検定試験で学習する試算表は貸借対照表科目と損益計算書科目が1枚の試算表にまとまった形式ですが、会計ソフトから試算表を出力すると貸借対照表科目と損益計算書科目が別々の試算表として出力され、試算表といいながら実態は月次の貸借対照表と損益計算書が出力されます。試算表の作成は検定試験ではそれなりに難しい作業ですが、会計ソフトを利用する実務においては、日々の仕訳を正しく入力できていれば試算表は比較的簡単に作成できるようになっています。

豆知識　借入を行っている金融機関からは定期的に試算表の提出を求められることが多い。その場合に月次試算表の作成が遅いと次回の融資審査へ影響する場合がある。

合計残高試算表の例

「前月繰越」「当月残高」
…残高試算表の内容

「借方金額」「貸方金額」
…合計試算表の内容

合計残高試算表（損益計算書） ○年○月○日～●年●月●日 （単位:千円）

勘定科目	前月繰越	借方金額	貸方金額	当月残高	構成比
売上高	95,853	220	23,034	118,667	100
売上高　計	95,853	220	23,034	118,667	100
期首商品棚卸高	0	0	0	0	0
当期商品仕入高	67,096	17,544	0		
期末商品仕入高	0	0	0		
売上原価	67,096	17,544	0		
売上総利益	28,757	17,765	23,034		
役員報酬	4,165	785			
給料手当	8,742	1,767			
賞与	832				
賞与引当金繰入	-330	110			
法定福利費	1,886	646	314		
福利厚生費	251	45			
顧問料	175	35			
荷造運賃	37	7			
交際費	158	9			
旅費交通費	577	107	10		
通信費	267	62			
消耗品費	45	20			
事務用品費	75	7			
修繕費	76				
水道光熱費	276	77			
新聞図書費	84	3			
支払手数料	15	3			
車両費	811	447			
地代家賃	2,321	428			
リース料	172	34			
保険料	700	30			
租税公課	190	10			
寄付金	10				
研究開発費	1,493	157			
減価償却費	420	84			
雑費	33	27			
販売管理費　計	23,490	4,906	324		
営業利益	5,266	22,672	23,358		
営業外収益	182	0	37		
受取利息	0	0			
受取配当金	0				
雑収入	181		37		
営業外費用	202	38	0		
保険料	13	2			
支払利息	189	35			
経常利益	5,245	22,710	23,396		
特別利益	0	0			
特別損失	0	0			
税引前当期純利益	5,245	22,710	23,396		
法人税・住民税及び事業税	0	0			
当期純利益	5,245	22,710	23,396		

合計残高試算表（貸借対照表） ○年○月○日～●年●月●日 （単位:千円）

勘定科目	前月繰越	借方金額	貸方金額	当月残高	構成比
資産の部					
流動資産					
現金	1,043	10,128	9,997	1,174	1.03
当座預金	204	8,000	7,873	330	0.29
普通預金	45,856	30,017	29,511	46,361	40.77
定期預金	3,301	60	0	3,361	2.95
売掛金	21,353	20,985	19,177	21,863	20.37
商品	21,863			0	19.23
前払金	0			302	0
前払費用	305		2	0	0.27
未収入金	0			0	0
仮払金	0	3,035	3,035	9,277	0
仮払消費税	7,379	1,900	3	105,834	8.16
流動資産　計	101,309	74,127	69,601		93.08
固定資産					
有形固定資産				0	
建物	0			12	0
附属設備	14		2	123	0.01
構築物	124		1	152	0.11
車両運搬具	178		25	90	0.13
工具器具備品	95		5	378	0.08
有形固定資産　計	412	0	34		0.33
無形固定資産				151	
電話加入権	151			549	0.13
ソフトウエア	599		49	700	0.48
無形固定資産　計	750	0	49		0.62
投資その他の資産				10	
出資金	10			5,400	0.01
保証金	5,400			60	4.75
預託金	60			1,323	0.05
保険積立金	1,312	10		6,794	1.16
投資その他の資産　計	6,783	10	0	7,873	5.98
固定資産　計	7,946	10	84	113,707	6.92
資産　計	109,255	74,137	69,685		100
負債の部					
流動負債				18,438	
買掛金	16,916	17,211	18,733	38	16.22
役員借入金	38			638	0.03
未払金	165	70	543	0	0.56
未払法人税等	0			0	0
未払消費税等	0			147	0
預り金・源泉	87		60	101	0.13
仮受金	101			-6	0.09
預り金・住民税	-6	82	82	500	0.01
預り保証金	500			11,873	0.44
仮受消費税	9,591	22	2,304	110	10.44
賞与引当金			110	31,841	0.1

試算表を作成したら、貸借対照表については「各勘定科目の当月残高が根拠資料と一致しているかの確認」、損益計算書については「その科目が本来計上されるはずの借方（あるいは貸方）と逆側に計上されていないかの内容確認」を最初に行うとよいでしょう。

試算表は比較することで活用できる

　月次で試算表を作成する目的は、会社の状態を数値面から把握して今後の経営判断の参考にするためです。例えば以下のような点に注目します。

❶ 売上高に対する構成比

　会計ソフトで試算表を出力すると通常は右端に構成比という列があり、損益計算書の場合は売上高に対する割合が表示されます。これを確認することで、原価率や人件費率などが比較的簡単に把握できます。原価率が目標より高い場合は「値上げする」「仕入の価格交渉をする」などの行動につながりますし、人件費率が目標より低い場合は「新規採用」「賞与への反映」などの参考になります。

❷ 前年度同期間との比較

　試算表を作成したら、前年度の同期間の試算表と比較することで、会社が成長しているか否かが客観的に把握できます。また、前年より大きく数値が変動している科目がある場合は原因を確認することで経理ミスや無駄な出費、従業員の不正などに気づくことができます。

❸ 月次推移表で比較

　会計ソフトには試算表を月別に並べて表示する「推移表」という機能があります。推移表の形で月別の業績を横並びで表示することで、月ごとの業績の特長（例：この季節は売上が減るので資金不足に対する対応が必要）や売上や利益の傾向（例：上昇しているのか下降しているのか）がわかります。

月次推移表（損益計算書）

（単位：千円）

勘定科目	4月	5月	6月	7月	8月	9月
売上高	19,090	17,463	19,238	19,030	21,031	22,813
売上高　計	19,090	17,463	19,238	19,030	21,031	22,813
期首商品棚卸高	0	0	0	0	0	0
当期商品仕入高	7,963	15,780	13,719	13,719	15,846	17,544
期末商品棚卸高	0	0	0	0	0	0
売上原価	7,963	15,780	13,719	13,719	15,846	17,544
売上総利益	11,127	1,683	5,519	5,311	5,185	5,269
役員報酬	865	865	785	785	785	785
給料手当	1,743	1,761	1,739	1,739	1,737	1,767
賞与	0	0	0	0	832	0
賞与引当金繰入	110	110	110	110	−770	110
法定福利費	326	331	332	331	563	331
⋮	⋮	⋮	⋮	⋮	⋮	⋮

月次推移表を見ることで、月毎の業績の特徴や売上や利益の傾向がわかる

構成比の確認

合計残高試算表
（損益計算書）

〇年〇月〇日～●年●月●日　　　　　　（単位：千円）

勘定科目	前月繰越	借方金額	貸方金額	当月残高	構成比
売上高	95,853	220	23,034	118,667	100
売上高　計	95,853	220	23,034	118,667	100
期首商品棚卸高	0	0	0	0	0
当期商品仕入高	67,096	17,544	0	84,640	71.33
期末商品棚卸高	0	0	0	0	0
売上原価	67,096	17,544	0	84,640	71.33
売上総利益	28,757	17,764	23,034	34,026	28.67
役員報酬	4,165	785		4,950	4.17
給料手当	8,742	1,767		10,509	8.86
賞与	832			832	0.7
賞与引当金繰入	−330	110		−220	0.19
法定福利費	1,886	646	314	2,218	1.87
⋮	⋮	⋮	⋮	⋮	⋮

> 構成比を見ることで原価率約71％、人件費率（4.17＋8.86＋0.7＋0.19＋1.87＝約15％）などがわかる

前年度同期間との比較

> 前年度同期間と比較することで勘定科目毎の増減や、利益の増減がわかる

前期比較残高試算表
（損益計算書）

〇年〇月〇日～●年●月●日　　　　　　（単位：千円）

勘定科目	前期	前期構成比	当期	当期構成比	差額	前期比
売上高	106,417	100	118,667	100	12,250	111.51
売上高　計	106,417	100	118,667	100	12,250	111.51
期首商品棚卸高	0	0	0	0	0	
当期商品仕入高	75,132	70.6	84,641	71.33	9,509	112.66
期末商品棚卸高	0	0	0	0	0	
売上原価	75,132	70.6	84,641	71.33	9,509	112.66
売上総利益	31,285	29.4	34,026	28.67	2,741	108.76
役員報酬	5,190	4.88	4,950	4.17	−240	95.38
給料手当	10,252	9.63	10,510	8.86	258	102.52
賞与	802	0.75	832	0.7	30	103.74
賞与引当金繰入	−220	0.21	−220	0.19	0	
法定福利費	1,234	1.16	2,218	1.87	983	179.71
⋮	⋮	⋮	⋮	⋮	⋮	⋮

> 試算表の数値をもとに第7章で紹介している経営分析指標を計算する、変動損益計算書を作成する、といったことも自社の状態を客観的に把握する上で有効です。

印紙税の実務

　印紙税法では、「課税文書の作成者は、その作成した課税文書につき、印紙税を納める義務がある」と定められています。従って、会社で印紙税の課税文書を作成した場合は、その内容に応じて印紙税を納付する経理実務があります。

※ 印紙税の課税文書と税額

　印紙税の課税文書は全部で20種類に区分されています。このうち事業会社の実務をするうえで知っておきたいものは以下のとおりです。

区分	文書の具体例	印紙税額
1号文書	不動産売買契約書など 土地賃貸借契約書など 金銭消費貸借契約書など 運送契約書など	200円～60万円 ※法令で定める期間内に作成される不動産の譲渡に関する契約書には軽減措置がある。
2号文書	請負契約書など	200円～60万円 ※法令で定める期間内に作成される建設工事の請負に係る契約書には軽減措置がある。
3号文書	約束手形、為替手形	200円～20万円
7号文書	売買取引基本契約書、代理店契約書、業務委託契約書など	4,000円
17号文書	商品販売代金の受取書（≒領収書）など	200円～20万円

※ 印紙税の納付

　印紙税は原則として収入印紙を購入して課税文書に貼付し、再使用防止のために消印を行う方法（署名でも可能）で納付します。事前に所轄税務署長の承認を受け、その月に作成した課税文書に係る印紙税額を記載した「印紙税納税申告書」を翌月末までに税務署へ提出し、あわせて納税する方法などもあります。

※ 印紙税に関するペナルティ

　課税文書への印紙税貼付漏れまたは消印漏れがあると、本来の印紙税とその2倍に相当する金額（当初の印紙税額の3倍）の過怠税が課されることがあります。また、会社が税務署長へ自主的に申出を行うと、本来の印紙税とその10％に相当する金額（当初の印紙税額の1.1倍）の過怠税が課されるケースもあります。

第5章

月々の経理業務
～給与の計算

第5章では、月々の給与計算について解説しています。毎月行う業務として、給与明細書の作成、給与の支給手続き、社会保険料と税金の納付があります。それ以外にも賞与や退職金を支給する際の手続きなどがあります。1年間で行う業務を整理し、抜けや漏れがないように進めましょう。

Q&Aでわかる!

給与の計算に関する疑問

第5章では月々の給与計算についてまとめています。計算の手順や給与からの控除、年末調整などを確認しましょう。

経理部のAさん

Q.1 給与に関する経理業務にはどのようなものがあるのか教えてください。

A. 毎月の給与明細を作成し、手取り金額を従業員の口座へ振り込み、天引きした社会保険料や税金を期日までに納付します。春は社会保険料率の変更対応、夏前は住民税特別徴収税額の変更対応、夏は労働保険の年度更新と社会保険の算定基礎届の提出、秋から冬は年末調整などがあります。

➡ 詳しい内容はP.164をチェック!

Q.2 給与計算の手順を教えてください。

経理部のBさん

A. 給与計算は4つの手順で行います。①勤怠実績の集計、②支給額(額面金額)の計算、③控除額(天引きする金額)の計算、④手取り金額(振り込み金額)の計算です。各手順は難しいものではありませんが、勤怠締日からの数日間で、正確な作業を素早く行う必要があります。

➡ 詳しい内容はP.162をチェック!

Q.3

給与からは保険料や税金が控除されますが、具体的には何が控除されているのでしょうか。

経理部のCさん

A. 給与計算手順の「③控除額の計算」では、社会保険料、雇用保険料、所得税、住民税の４つが控除されています。所得税の計算過程において、その月の社会保険料と雇用保険料の金額が必要になるため、先に社会保険料と雇用保険料の控除額を計算しておきましょう。会社によっては、ほかにも控除項目（労働組合費や持株会の拠出金など）があります。　　　　　　　　　　➡ **詳しい内容はP.172をチェック!**

経理部のDさん

Q.4

毎年12月に行う年末調整は、いったい何をしているのでしょうか。確定申告と同じものと考えてよいでしょうか。

A. 個人がお金を儲けた場合、自分で税金の計算をして所得税を納付する必要があります（確定申告）。会社から給与を得た人も本来は自分で確定申告すべきですが、就業者の９割近くを占める雇用者（≒給与をもらう人）については、本人が確定申告をする代わりに給与支払者である会社が「税金の計算と徴収を行い納付する手続き＝年末調整」を行うよう義務付けられているのです。　　　➡ **詳しい内容はP.196をチェク!**

自社の給与体系と 給与計算の概要を理解する

➡自社の給与体系を理解する
➡給与計算は4つのステップで順番に計算する

給与に関する勘定科目と体系

　会社は自社で働く人たちに経営や労働の対価を支払いますが、それら対価のことを一般的には給与と呼びます。この給与について、会計業務で仕訳を行う際に使われる勘定科目としては、役員報酬や給料手当などがあります（右ページ参照）。また、**給与体系とは法律上の定めではなく会社が就業規則や給与規程などで定めるもの**ですが、一例として右ページのような体系があります。

給与計算の概要

　給与計算と聞くと複雑なことをしているイメージを抱くかもしれませんが、実際は次の4つのステップで計算を行っているだけで、慣れてくれば作業自体はそこまで難しくはありません。

ステップ❶ **勤怠実績を集計する**

勤怠システムやタイムカードから従業員の勤務実績を集計します。

ステップ❷ **支給額（額面金額）を計算する**

給与規程や勤怠実績に応じて、基本給や諸手当などを計算します。

ステップ❸ **控除額を計算する**

額面から差し引く社会保険料、雇用保険料、所得税、住民税などを計算します。

ステップ❹ **手取り金額（振込金額）を計算する**

ステップ❷ から **ステップ❸** の控除額を差し引き、手取り金額を計算します。

豆知識　役員報酬については法人税法第34条に定められた「定期同額給与」「事前確定届給与」などを考慮した支給を行うことが多い。

給与に関する勘定科目

勘定科目	内容	備考
役員報酬	取締役や監査役など役員へ支払う報酬	法人税の計算において損金とするために毎月定額支給することが多い
給料手当	従業員へ支払う月給など	会計ソフトによっては「給与手当」などと名称が異なる場合もある
雑給	アルバイトなど短時間勤務の従業員へ支払う月給、日給など	会社によっては「雑給」を使用せず「給料手当」に含めて仕訳する場合もある
賃金	工場で生産に従事する従業員などへ支払う月給など	製造原価報告書を作成する場合に使用する
賞与	月給とは別に年に1〜3回程度支払われる給与	賞与として支給する場合、所得税や社会保険料の計算方法が月給とは異なるので、明確に分ける必要がある
法定福利費	社会保険料、労働保険料のうち会社負担額を表す科目	中身は社会保険料と労働保険料に分かれるので、補助科目として「社会保険」「労働保険」を設定しておくと内訳がわかりやすくなる

給与体系の例

		基本給	
給与	基準内賃金	諸手当	役職手当
			住宅手当
			家族手当
			通勤手当
			技能手当
			資格手当
	基準外賃金	諸手当	宿日直手当
			時間外勤務手当
			深夜勤務手当
			休日勤務手当
賞与			

※「基準内賃金」「基準外賃金」は法令上の用語ではなく、その定義は会社ごとに異なりますが、一般的には基準内賃金とは毎月固定的に支払われるものを指し、基準外賃金とは毎月変動する賃金を意味する場合が多いです。

Advice

給与計算の注意点

　給与計算はそこまで複雑なことをするわけではありません。しかし、計算対象となる従業員の数が増えてくると膨大な作業量になります。勤怠の締日から支給日までの間に作業を終わらせる必要があるため、正確性と素早い作業の両立が求められる業務であり、そのためにはできるだけシステム化し、イレギュラーな対応をなくすなどの制度面からの整備が重要です。

給与に関する1年の
仕事の流れ

POINT
➡毎月行う給与計算とその支払業務がベースとなる
➡年一のスポット業務を意識することが重要

毎月のルーティン業務と季節ごとのスポット業務

　給与に関する業務の基本は、毎月の給与計算とその支払業務です。詳しくは次項以降で説明しますが、基本的には**毎月同じことを繰り返すルーティン業務であり、正確性と効率性が重要**となります。

　上記のルーティン業務に加えて、季節ごとに単発で対応するスポット業務があります。春（3〜4月）には健康保険や雇用保険の料率変更への対応が必要となります。梅雨時から夏（6〜7月）にかけては住民税の特別徴収税額の変更や、社会保険の算定基礎届の提出、労働保険の年度更新業務があります。夏季賞与を支給する場合はその対応もします。秋（9〜10月）は、定時決定により社会保険の標準報酬月額が変更となる社員がいる場合、給与計算に反映させなければなりません。晩秋から年末（11〜12月）の時期は、冬季賞与支給の対応、年末調整の事前準備と実際の作業を行い、社員の源泉徴収票を作成します。そして年明け（1月）は、法定調書（源泉徴収票）を税務署へ提出するとともに、給与支払報告書を社員が住んでいる各市区町村へ提出する業務があります。

　ここで紹介したスポット業務は、毎年決まった時期に行う業務なので、**あらかじめ年間のスケジュールに組み込んでおき、直前になって慌てることのないように、早めに準備を進めておくとよいでしょう。**

　特に、夏と冬はスポット業務が多くなる季節なので、それを念頭に業務スケジュールを組むことが重要となります。

豆知識
スポット業務には、昇給や降給に伴う月額変更届の提出、入退社に伴う社会保険と雇用保険の手続きや退職金の計算など、「人」の異動に関する業務もある。

給与に関する季節ごとのスポット業務

3月支給 or 4月支給※1	6〜7月	6月支給	7月10日
●健康保険、雇用保険※2の料率変更	●夏季賞与の支給	●住民税特別徴収税額の変更	●算定基礎届の提出（社会保険） ●年度更新（労働保険）

9月支給 or 10月支給※1	11月になったら	12月支給	1月31日
●標準報酬月額の変更（社会保険）	●年末調整の準備	●年末調整および源泉徴収票の作成と配付	●法定調書の提出（税務署） ●給与支払報告書の提出（市区町村）

社員への書類配付〜回収

※1：社会保険料の給与天引きのタイミングは、発生月（3月、9月）に合わせる場合と納付月（4月、10月）に合わせる場合があり、会社によって異なる。
※2：会社の締日によっては、雇用保険の料率は5月支給から変更される。

Advice

繁忙期のスケジュール管理に注意!

　給与に関する経理業務は、毎月決まった流れで発生し、季節ごとのスポット業務も決まった時期に行うので、あらかじめスケジュールが立てやすいといえます。ただ、決算対応や社会保険の申告期限、年末調整などの繁忙期には業務が膨大になるので、スケジュール管理に注意が必要です。

給与に関する
月々の仕事の流れ

➡ 締日、支給日、社会保険料&税金の支払日を意識しよう
➡ 自分で作ったチェックリストを活用してミスを防ごう

締め切り日に注意し、正確性と効率性を重視

給与に関して毎月行う業務としては「給与明細の作成」「給与の支給手続き」「社会保険料と税金の納付」があります。

例えば「15日締め25日支給」の会社の場合、月初め〜15日の間に、社員の異動や扶養家族の増減、振込口座の変更等の情報を把握しておきます。

そして、16〜17日で勤怠情報の確認（勤怠システムに登録された勤怠情報のチェックやタイムカードの集計）を行い、その後、18〜20日を目安に勤怠情報と各種手当を反映させた給与明細を作成します。

銀行振込で支給する場合は、支給日の1〜3営業日前までに銀行へ振込データを送信する必要があります。現金支給の場合は、事前に両替を行う必要があります。これらの作業を21日以降に行います。大型連休がある月は、暦によっては銀行へ振込データを送信する期限までに営業日が数日しかない、という場合もあるので、それを見越してスケジュールを立てる必要があります。

無事に給与を支給したら、給与から天引きして預かった社会保険料（厚生年金と健康保険と介護保険）及び税金（所得税と住民税）を期限までに納付します。社会保険料の納付期限は月末、税金の納付期限は翌月10日です。このように**それぞれの業務には締め切りとなる日が存在するので、そこに間に合うよう効率的に作業を進める必要があります**。また給与計算のミスは会社に対する社員からの信頼を損なうことにつながるため、正確な作業を行うことも大変重要です。

豆知識　正確性を確保しつつ効率的に作業を行うために、マニュアルやチェックリストを自分で作成し、毎月それを確認しながら作業を進めるとよい。

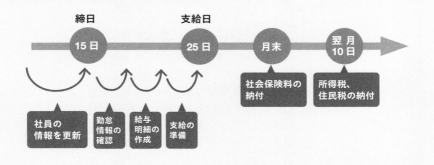

給与が15日締め25日支給の場合

締日
15 日

支給日
25 日

月末

**翌 月
10 日**

社会保険料の
納付

所得税、
住民税の納付

社員の
情報を更新

勤怠
情報の
確認

給与
明細の
作成

支給の
準備

マニュアル兼チェックリストの例

☐前月16日以降の入退社情報を確認する
☐社員情報の変更がないか確認する
　　　⋮
☐残業時間の集計を行う
☐各種休暇の消化日数を集計する
　　　⋮
☐営業手当を集計し給与明細へ反映させる
☐通勤手当を給与明細へ反映させる
☐残業手当を給与明細へ反映させる
　　　⋮
☐社会保険料の控除額を給与明細へ反映させる
☐雇用保険料の控除額を給与明細へ反映させる
　　　⋮
☐銀行へ給与振込データを送信する
　　　⋮
☐所得税と住民税を納付する

Q. 経理は月末月初が忙しい?

A. 給与関連業務では、月末に社会保険料の納付、10日に所得税や住民税の納付
など、社員の税金に関わる手続きがあり、給与の支給日が月末の場合は給与計算
などもしなければならないので、月末から月初にかけては繁忙期となります。

給与計算の手順と
給与明細の記載内容

➡ 給与計算の手順と給与明細の区分は連動する
➡ どの会社でも給与明細の記載内容はおおむね同じ

給与明細は4つのブロックに分かれている

　給与計算の概要（P.162参照）で説明したとおり、給与計算業務は4つのステップで行っています。給与計算の結果を表す給与明細についても、この4つのステップに合わせて、通常は4つのブロックに分かれています（右ページ参照）。

　「勤怠」欄には今月の給与計算期間における労働日数や労働時間、残業時間、有休を消化した日数、欠勤日数などの情報が記載されます。**一般的には勤怠管理システムのデータやタイムカードから集計する形で作成されます**。ここに記載された内容が残業手当や欠勤控除などの計算に影響するため、タイムカードの押し忘れが推測されるなど、不自然な勤怠情報がある場合は従業員に確認する必要があります。

　「支給」欄には、基本給のほか家族手当や役職手当などの固定的賃金と、残業手当や営業成績に基づくインセンティブなどの非固定的賃金が記載されます。**固定的賃金だから毎月同じとは限らず、「家族が増えた」「役職が変更になった」場合などは先月とは金額が変わる**ので、家族構成の変更や人事異動など、社員の情報を事前に収集しておく必要があります。

　「控除」欄には、従業員の給料から天引きする項目を記載します。**社会保険、雇用保険、所得税、住民税はどの会社でも控除する項目**です。住民税以外は会社で金額を計算する必要があります。

　「差引支給額」欄は、**給料日に従業員へ渡す手取り金額**です。

豆知識　控除欄では、会社の制度によっては「社宅家賃」「団体保険料」「労働組合費」「持株会」「財形貯蓄」などの項目が控除される場合もある。

給与明細の記載内容

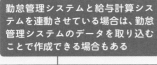

勤怠管理システムと給与計算システムを連動させている場合は、勤怠管理システムのデータを取り込むことで作成できる場合もある

給与計算ソフトによっては、差引支給額の欄に年末調整の結果を反映する欄を設けている場合もある

○○年○月　給与明細

株式会社△△
□□□□様

❶ 勤怠		❷ 支給		❸ 控除		❹ 差引支給額	
総労働日数	19	基本給	220,500	健康保険料	14,000	年末調整還付	0
有休消化日数	1	資格手当	1,000	介護保険料	2,548	年末調整徴収	0
欠勤日数	0	通勤手当	4,500	厚生年金保険料	25,620	振込支給額	224,872
総労働時間	137時間45分	残業手当	50,250	雇用保険料	1,630		
残業時間	1時間45分	立替経費精算	7,700	所得税	5,780		
				住民税	9,500		
		支給合計	283,950	控除合計	59,078	差引支給合計	224,872

固定的賃金（基本給など）や非固定的賃金（残業手当）のほかに、従業員が立て替えた経費の精算を行う場合もある

社会保険料や税金など従業員が負担する金額を控除する

支給から控除を差し引いた手取り金額

❶ 勤怠実績を集計する

❷ 支給額（額面金額）を計算する

❸ 控除額を計算する

❹ 手取り金額（振込金額）を計算する

全社員の給与明細が完成したら、給与計算ソフトの「一覧表」機能を利用して全体を俯瞰する視点から間違いがないかチェックするとよいでしょう。

Advice

会社の就業規則や給与規程によって給与計算の難易度は変わる

　給与計算の難易度は会社の就業規則や給与規程によって変わります。さまざまな手当や独自の控除項目がある場合、固定時間制度の社員とフレックスタイム制度の社員が混在する場合など、制度が複雑だと給与計算のパターンが増えます。正確な計算のためには自社の給与規程をよく理解することが重要になります。

就業規則に基づいた 給与支給額（額面金額）の計算

POINT

➡固定的賃金・非固定的賃金・その他の3種類
➡就業規則や労働基準法に基づき計算を行う

支給額の内訳

給与計算は①「勤怠集計」→②「支給額（額面金額）の計算」→③「控除額の計算」→④「差引支給額（手取り金額）の計算」の順番で作業を行います。このうち②「支給額（額面金額）の計算」については、「固定的賃金の計算」「非固定的賃金の計算」「その他の支給額の計算」の3つに分けて理解するとよいでしょう。

固定的賃金とは基本給や毎月定額で支給する諸手当のことをいいます。固定的賃金の計算は会社が定めた規程に従って行うため、自社の給与規程や就業規則を確認して計算を行います。実務上は、給与計算ソフトの従業員設定画面で基本給や諸手当の金額を登録しておけば、毎月の給与計算に反映されます。**毎月同額であることが多い固定的賃金ですが「引っ越しをして通勤手当が変わる」「昇給して基本給が変わる」など、従業員情報に変更があると固定的賃金も変動することが多いので、作業にあたっては最新の従業員情報の把握が必要となります。**

非固定的賃金とは残業手当やインセンティブなど、実績に応じて毎月金額が変動する賃金です。残業手当は労働基準法に則って計算する必要があります。インセンティブなど会社独自の手当は社内規則に従い計算します。

その他の支給としては、従業員が立て替えた経費の精算があります。社内で決めた期限までに従業員から立替経費精算書を提出してもらい、精算額を給与に上乗せして振り込みます。

キーワード

労働基準法：労働条件の原則などについての最低基準を定めた法律。正社員だけでなく、短時間労働者や派遣労働者、外国人労働者に対しても適用される。

固定的賃金の例

項目	内容
基本給	年齢、勤続年数、学歴、職能等を考慮して従業員ごとに決定する
資格手当	「会社が定めた社員等級に応じて上乗せする手当」を意味する場合と、「特定の国家資格などを保有する場合の手当」の意味がある
役職手当	「部長」「課長」「係長」など役職に応じて支給する
技能手当	特殊な資格や免許が必要な職務に従事する資格・免許保有者に支給する
住宅手当	「単身者」「家族を扶養」などに応じて金額に差をつける場合が多い
家族手当	扶養家族の人数に応じて金額に差をつける場合が多い
通勤手当	電車やバス通勤の場合は定期券代を支給し、自家用車で通勤する場合は通勤距離×通勤日数×会社が定めた単価で計算することが多い

非固定的賃金の例

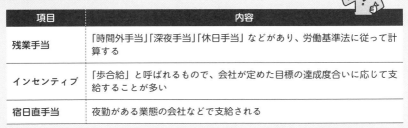

項目	内容
残業手当	「時間外手当」「深夜手当」「休日手当」などがあり、労働基準法に従って計算する
インセンティブ	「歩合給」と呼ばれるもので、会社が定めた目標の達成度合いに応じて支給することが多い
宿日直手当	夜勤がある業態の会社などで支給される

労働基準法に基づく残業手当の計算

種類	支払う条件	割増率
時間外 (時間外手当・ 残業手当)	法定労働時間（1日8時間・週40時間）を超えたとき	25％以上
	時間外労働が限度時間（1ヵ月45時間、1年360時間等）を超えたとき	25％以上（※1）
	時間外労働時間が1ヵ月60時間を超えたとき（※2）	50％以上（※2）
休日（休日手当）	法定休日（週1日）に勤務させたとき	35％以上
深夜 （深夜手当）	22時から5時までの間に勤務させたとき	25％以上

（※1）25％を超える率とするように努めることが重要です。
（※2）中小企業については、2023年4月1日から適用となりました。

出典：「しっかりマスター労働基準法－割増賃金編－」（東京労働局）より一部抜粋

給与から天引きされる
保険料と税金は4種類

POINT
➡給与から天引きする保険料と税金は4つある
➡先に保険料の計算をしたあとで税金の計算を行う

給与天引きが法令で義務付けられているもの

　会社が給与を支給する際には、法令によって天引きすることが義務付けられているものが4種類あるため、これらを控除してから支給する必要があります。

①社会保険料

　具体的には、「健康保険料」「介護保険料」「厚生年金保険料」のことを指します。日本年金機構から通知される「標準報酬月額」に基づき計算します。

②雇用保険料

　毎年4月に改定される雇用保険料率に基づき計算します。建設業や農林水産業など、特定の事業については一般の事業と料率が異なります。

③所得税

　実務上は「源泉所得税」と呼ぶ場合もあります。国税庁が毎年公表している「源泉徴収税額表」に照らし合わせて控除額を計算します。

④住民税

　役員や従業員が住んでいる市区町村の役場が税額を計算し、会社へ控除額を通知してくるので、その金額を毎月控除します。

　これら4種類の天引き項目のうち、①〜③は会社で金額を計算することになります。また③の所得税は、額面金額の中の課税対象支給額から、①と②を差し引いた金額を元に計算するので、先に①社会保険料と②雇用保険料を計算する必要があります。

豆知識　給与から天引きする「介護保険料」の控除対象年齢は40歳以上64歳未満であり、満40歳に達したとき（＝40歳の誕生日の前日が属する月）から天引きが始まる。

給与から天引きされる項目

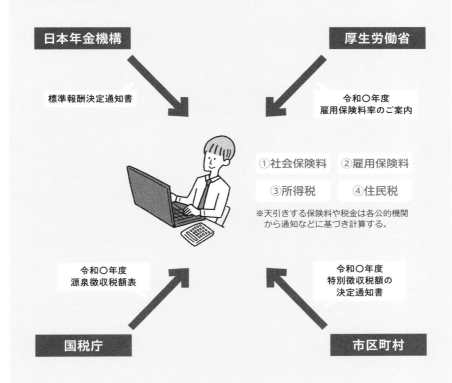

日本年金機構

標準報酬決定通知書

厚生労働省

令和〇年度
雇用保険料率のご案内

①社会保険料　②雇用保険料

③所得税　④住民税

※天引きする保険料や税金は各公的機関
から通知などに基づき計算する。

令和〇年度
源泉徴収税額表

国税庁

令和〇年度
特別徴収税額の
決定通知書

市区町村

給与計算担当者は、どの公的機関から、
いつ頃、どんな通知があるのか把握して
おきましょう。

Advice

社会保険料を天引きする月

　社会保険料は「当月分を翌月末日までに納付する」というルールです。社会保険料のうち健康保険料と介護保険料は毎年「3月分」から料率変更されますが、変更後の料率を3月支給分から適用する会社と、納付月である4月支給分から適用する会社があります。どちらの方法で給与計算を行っているか確認しましょう。

給与から天引きする
社会保険料の計算方法

➡ 社会保険料は標準報酬月額×保険料率で計算する
➡ 保険料額表に当てはめて求めることができる

■ 社会保険料計算のもととなる標準報酬月額とは

　給与から天引きする社会保険料には健康保険料、介護保険料、厚生年金保険料の3つがあり、**すべて標準報酬月額に保険料率を乗じることで計算できます。**算出した保険料は、会社と本人で半分ずつ負担します。標準報酬月額は基本給や諸手当など、健康保険法や厚生年金保険法で「報酬」とされているものの月額合計を、法令で定めた表に当てはめて求めます。標準報酬月額が決まるタイミングは3つあり、入社時の「資格取得時決定」、4〜6月の報酬実績に基づいて決まる「定時決定」、報酬に著しい変動があった場合の「随時改定」があります。

■ 社会保険料は保険料額表を使って計算する

　以前から継続して勤務している従業員を例にとると、まず4〜6月の報酬実績を集計して、「算定基礎届」を作成し、7月10日までに会社から日本年金機構へ提出します（P.188参照）。提出された算定基礎届の内容に基づき、日本年金機構から会社へ「被保険者標準報酬決定通知書」が発行され、そこに従業員ごとの標準報酬月額が記載されています（定時決定）。

　定時決定の標準報酬月額を管轄の協会けんぽ支部が所在する都道府県（通常は会社所在地の都道府県）の「保険料額表」に当てはめ、「折半額」を給与から天引きします。なお保険料額表の内容は健康保険料率の改定がある毎年3月分から改定されるので、3月分以降は改定後の保険料額表を使う必要があります。

豆知識　大企業や同業種の企業が加入する「組合健保」に加入している場合は、保険料などが「協会けんぽ」とは異なるため、加入している組合健保の計算方法に従う。

健康保険料や厚生年金保険法が定義している「報酬」

報酬に含まれるもの	基本給、各種手当（残業手当、家族手当、役職手当、通勤手当など）、年4回以上の賞与（合計額の12分の1を報酬に含める）など
報酬に含まれないもの	退職金、結婚祝金など慶弔金、出張旅費や宿泊費、年3回以下の賞与など

健康保険・厚生年金保険の保険料額表

報酬月額により標準報酬月額が決まる

令和6年3月分（4月納付分）からの健康保険・厚生年金保険の保険料額表

・健康保険料率：令和6年3月分〜　適用　・厚生年金保険料率 平成29年9月分〜　適用
・介護保険料率：令和6年3月分〜

40歳未満はこの列を使う　　**40歳以上65歳未満はこの列を使う**

（東京都）　　（単位：円）

標準報酬		報酬月額		全国健康保険協会管掌健康保険料				厚生年金保険料（厚生年金基金加入員を除く）	
				介護保険第2号被保険者に該当しない場合		介護保険第2号被保険者に該当する場合		一般、坑内員・船員	
等級	月額			9.98%		11.58%		18.300%※	
		円以上	円未満	全額	折半額	全額	折半額	全額	折半額
1	58,000	～	63,000	5,788.4	2,894.2	6,716.4	3,358.2		
2	68,000	63,000～	73,000	6,786.4	3,393.2	7,874.4	3,937.2		
3	78,000	73,000～	83,000	7,784.4	3,892.2	9,032.4	4,516.2		
4(1)	88,000	83,000～	93,000	8,782.4	4,391.2	10,190.4	5,095.2	16,104.00	8,052.00
5(2)	98,000	93,000～	101,000	9,780.4	4,890.2	11,348.4	5,674.2	17,934.00	8,967.00
6(3)	104,000	101,000～	107,000	10,379.2	5,189.6	12,043.2	6,021.6	19,032.00	9,516.00
7(4)	110,000	107,000～	114,000	10,978.0	5,489.0	12,738.0	6,369.0	20,130.00	10,065.00
8(5)	118,000	114,000～	122,000	11,776.4	5,888.2	13,664.4	6,832.2	21,594.00	10,797.00
9(6)	126,000	122,000～	130,000	12,574.8	6,287.4	14,590.8	7,295.4	23,058.00	11,529.00
10(7)	134,000	130,000～	138,000	13,373.2	6,686.6	15,517.2	7,758.6	24,522.00	12,261.00
11(8)	142,000	138,000～	146,000	14,171.6	7,085.8	16,443.6	8,221.8	25,986.00	12,993.00
12(9)	150,000	146,000～	155,000	14,970.0	7,485.0	17,370.0	8,685.0	27,450.00	13,725.00
13(10)	160,000	155,000～	165,000	15,968.0	7,984.0	18,528.0	9,264.0	29,280.00	14,640.00
14(11)	170,000	165,000～	175,000	16,966.0	8,483.0	19,686.0	9,843.0	31,110.00	15,555.00
15(12)	180,000	175,000～	185,000	17,964.0	8,982.0	20,844.0	10,422.0	32,940.00	16,470.00
16(13)	190,000	185,000～	195,000	18,962.0	9,481.0	22,002.0	11,001.0	34,770.00	17,385.00
17(14)	200,000	195,000～	210,000	19,960.0	9,980.0	23,160.0	11,580.0	36,600.00	18,300.00
18(15)	220,000	210,000～	230,000	21,956.0	10,978.0	25,476.0	12,738.0	40,260.00	20,130.00
19(16)	240,000	230,000～	250,000	23,952.0	11,976.0	27,792.0	13,896.0	43,920.00	21,960.00
20(17)	260,000	250,000～	270,000	25,948.0	12,974.0	30,108.0	15,054.0	47,580.00	23,790.00
21(18)	280,000	270,000～	290,000	27,944.0	13,972.0	32,424.0	16,212.0	51,240.00	25,620.00
22(19)	300,000	290,000～	310,000	29,940.0	14,970.0	34,740.0	17,370.0	54,900.00	27,450.00
23(20)	320,000	310,000～	330,000	31,936.0	15,968.0	37,056.0	18,528.0	58,560.00	29,280.00
24(21)	340,000	330,000～	350,000	33,932.0	16,966.0	39,372.0	19,686.0	62,220.00	31,110.00
25(22)	360,000	350,000～	370,000	35,928.0	17,964.0	41,688.0	20,844.0	65,880.00	32,940.00
26(23)	380,000	370,000～	395,000	37,924.0	18,962.0	44,004.0	22,002.0	69,540.00	34,770.00
27(24)	410,000	395,000～	425,000	40,918.0	20,459.0	47,478.0	23,739.0	75,030.00	37,515.00
28(25)	440,000	425,000～	455,000	43,912.0	21,956.0	50,952.0	25,476.0	80,520.00	40,260.00
29(26)	470,000	455,000～	485,000	46,906.0	23,453.0	54,426.0	27,213.0	86,010.00	43,005.00
30(27)	500,000	485,000～	515,000	49,900.0	24,950.0	57,900.0	28,950.0	91,500.00	45,750.00
31(28)	530,000	515,000～	545,000	52,894.0	26,447.0	61,374.0	30,687.0	96,990.00	48,495.00
32(29)	560,000	545,000～	575,000	55,888.0	27,944.0	64,848.0	32,424.0	102,480.00	51,240.00
33(30)	590,000	575,000～	605,000	58,882.0	29,441.0	68,322.0	34,161.0	107,970.00	53,985.00
34(31)	620,000	605,000～	635,000	61,876.0	30,938.0	71,796.0	35,898.0	113,460.00	56,730.00
35(32)	650,000	635,000～	665,000	64,870.0	32,435.0	75,270.0	37,635.0	118,950.00	59,475.00
36	680,000	665,000～	695,000	67,864.0	33,932.0	78,744.0	39,372.0		
37	710,000	695,000～	730,000	70,858.0	35,429.0	82,218.0	41,109.0		
38	750,000	730,000～	770,000	74,850.0	37,425.0	86,850.0	43,425.0		
39	790,000	770,000～	810,000	78,842.0	39,421.0	91,482.0	45,741.0		

※厚生年金基金に加入している方の厚生年金保険料率は、基金ごとに定められている免除保険料率

折半額を天引きする

Advice

給与から天引きする社会保険料の金額は年2回変わるイメージ

　給与から天引きする社会保険料は「標準報酬月額」と「保険料率」によって決まりますが、標準報酬月額は毎年秋に変動し、保険料率は毎年春に変わります。したがってそれ以外の時期は、前月と同じ金額を天引きすればよい、とイメージしておくとよいでしょう。

給与から天引きする
雇用保険料の計算方法

POINT

➡労働保険には労災保険と雇用保険がある
➡雇用保険料は賃金に雇用保険料率を乗じて計算する

■ 労働保険の種類

　会社が支払う労働保険料の内訳としては、労災保険料と雇用保険料があり、労災保険と雇用保険を総称して労働保険といいます。**労災保険とは、業務上災害と通勤途上災害による傷病などに対する補償を主な目的とする保険で、保険料はすべて会社が負担します。**一方、雇用保険とは失業した場合の給付などを主な目的とする保険であり、**保険料の一部を従業員が負担するルール**であるため、給与支払い時に従業員負担の雇用保険料を天引きする必要があります。

　労災保険料も雇用保険料も、保険料の納付は年度更新という手続きを通して原則として1年分をまとめて納付します（P.190参照）。

■ 給与から天引きする雇用保険料の計算方法

　給与から天引きする雇用保険料は、労働法制上「賃金」とされているものの合計に雇用保険料率を乗じて求めます。具体的にはその月の支給額（額面金額）を計算したのち、支給額の中で労働法制上の賃金に該当するものを合計し、それに雇用保険料率を乗じて計算します。計算の結果、円未満の端数が生じることがありますが、給与天引きで保険料を徴収する場合は、**原則として50銭以下の場合は切り捨て、50銭を超える場合は切り上げて1円とします。ただし、会社と従業員の間で端数処理の取り決めがある場合はそれに従います。**雇用保険料は毎年4月1日から改定され、最新の料率は厚生労働省のウェブサイトで確認できます。

豆知識

4月1日に改定された雇用保険料率は4月1日以降が締日の給与計算期間から適用する（例：末締翌月15日支給の場合、4月30日締5月15日支給の給与から適用）。

労働法制における「賃金」

賃金に含まれるもの	基本給、各種手当(残業手当、家族手当、役職手当、通勤手当など)、賞与
賃金に含まれないもの	役員報酬、退職金、結婚祝金など慶弔金、出張旅費や宿泊費など

※役員は労働者ではないので、原則として雇用保険には加入できません。

2023年度の雇用保険料率

事業の種類	① 労働者負担 (失業等給付・育児休業給付の保険料率のみ)	② 事業主負担	失業等給付・育児休業給付の保険料率	雇用保険二事業の保険料率	①＋② 雇用保険料率
一般の事業	6/1,000	9.5/1,000	6/1,000	3.5/1,000	15.5/1,000
(2022年10月〜)	5/1,000	8.5/1,000	5/1,000	3.5/1,000	13.5/1,000
農林水産・清酒製造の事業※	7/1,000	10.5/1,000	7/1,000	3.5/1,000	17.5/1,000
(2022年10月〜)	6/1,000	9.5/1,000	6/1,000	3.5/1,000	15.5/1,000
建設の事業	7/1,000	11.5/1,000	7/1,000	4.5/1,000	18.5/1,000
(2022年10月〜)	6/1,000	10.5/1,000	6/1,000	4.5/1,000	16.5/1,000

(枠内の下段は2022年10月〜2023年3月の雇用保険料率)

※園芸サービス、牛馬の育成、酪農、養鶏、養豚、内水面養殖および特定の船員を雇用する事業については一般の事業の率が適用されます。

出典:「令和5年度雇用保険料率のご案内」(厚生労働省) をもとに作成

Advice

給与から天引きする雇用保険料の金額は毎月変動する

社会保険料の場合、定時決定で決まった標準報酬月額を1年間使って保険料を計算するため、保険料率の改定がある場合を除いて毎月同じ天引き額になります。一方、雇用保険料はその月の実際の賃金合計に雇用保険料率を乗じて計算します。したがって残業手当の増減や通勤手当の支給がある月とない月で賃金合計が変動し、雇用保険料も変動します。このように雇用保険料の天引き金額は毎月変わるものだとイメージしておくとよいでしょう。

給与から天引きする 所得税の計算方法

POINT
➡ 給与以外にも源泉徴収が義務化されている支払いがある
➡ 給与の源泉徴収税額は源泉徴収税額表を使って求める

源泉徴収制度とは

　日本の所得税法は、会社が給与や報酬を支払う際に受取側が負担すべき所得税を支払側（＝会社側）で差し引いておき、差し引いた所得税を支払側が税務署へ納税する仕組みを義務付けています。このような仕組みを源泉徴収制度と呼び、会社には源泉徴収が義務付けられています。源泉徴収は給与以外にも、一定の外注費（原稿料や士業報酬など）を払う場合や、非居住者に一定の支払いをする場合などさまざまな場面で義務化されており、税務調査で徴収漏れが指摘されると会社に不納付加算税などペナルティが課される場合があります。

給与から源泉徴収する所得税の計算方法

　給与から源泉徴収する所得税を計算する場合、まずは役員や従業員から会社に対してその年分の「扶養控除等申告書」の提出があるか確認します。提出がある場合はそこから「扶養親族等の数」を読み取ります。そして、その月の支給額（額面金額）のうち課税対象額から、その月に天引きする社会保険料と雇用保険料を差し引いた金額を求めます。

　その金額を国税庁が毎年公表している「給与所得の源泉徴収税額表（月額表）」の「その月の社会保険料等控除後の給与等の金額」列に当てはめ、該当する行を見つけます。該当する行を見つけたらその行のうち「扶養親族等の数」が当てはまる部分の金額があるので、その金額を給与から天引き（源泉徴収）します。

豆知識　扶養控除等申告書は１社にしか提出できないため、提出を受けた会社は源泉徴収税額表の「甲」欄を使い、提出がない会社は「乙」欄で源泉徴収税額を計算する。

給与から天引きする所得税の求め方

扶養控除等申告書

この場合、扶養親族等の数は2人

給与明細

❶支給合計のうち課税対象額：基本給＋資格手当＋残業手当
551,250 円

❷今月の給与から天引きする社会保険料と雇用保険料の合計
87,670 円

※通勤手当のうち税法が定める一定金額までは所得税の課税対象にはなりません。
※立替経費精算は実費の精算なので所得税の課税対象にはなりません。

勤怠		支給		控除		差引支給額	
総労働日数	＊＊＊＊	基本給	500,000	健康保険料	28,000	年末調整還付	0
有休消化日数	＊＊＊＊	資格手当	1,000	介護保険料	5,096	年末調整徴収	0
欠勤日数	＊＊＊＊	通勤手当	4,500	厚生年金保険料	51,240		
総労働時間	＊＊＊＊	残業手当	50,250	雇用保険料	3,334	振込支給額	＊＊＊
残業時間	＊＊＊＊	立替経費精算	7,700	所得税	15,180		
				住民税	＊＊＊		
		支給合計	563,450	控除合計	＊＊＊	差引支給合計	＊＊＊

①から②を差し引いた金額
（その月の社会保険料等控除後の給与等の金額）
463,580円

「給与所得の源泉徴収税額表（月額表）」
に当てはめて源泉徴収税額を求める
15,180円

給与所得の源泉徴収税額表（月額表）

ステップ1：463,580円の該当する行を見つける

(440,000円〜589,999円)

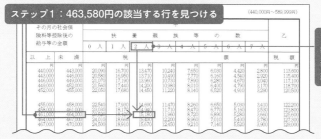

ステップ2：扶養親族等の数が当てはまる部分の金額を、今月の給与から天引きする

その月の社会保険料等控除後の給与等の金額		扶 養 親 族 等 の 数								乙
以 上	未 満	0 人	1 人	2 人	3 人	4 人	5 人	6 人	7 人	税 額
		税			額					税 額
円 440,000	円 443,000	円 20,090	円 16,700	円 13,470	円 10,240	円 7,650	円 6,080	円 4,420	円 2,800	円 113,600
443,000	446,000	20,580	16,950	13,710	10,490	7,770	6,160	4,540	2,920	115,400
446,000	449,000	21,070	17,190	13,960	10,730	7,890	6,280	4,670	3,040	117,100
449,000	452,000	21,560	17,440	14,200	10,980	8,010	6,400	4,790	3,170	118,700
452,000	455,000	22,050	17,680	14,450	11,220	8,140	6,520	4,910	3,290	120,500
455,000	458,000	22,540	17,930	14,690	11,470	8,260	6,650	5,030	3,410	122,200
458,000	461,000	23,030	18,170	14,940	11,710	8,470	6,770	5,160	3,530	123,800
461,000	464,000	23,520	18,420	15,180	11,960	8,720	6,890	5,280	3,660	125,600
464,000	467,000	24,010	18,660	15,430	12,200	8,960	7,010	5,400	3,780	127,300
467,000	470,000	24,500	18,910	15,670	12,450	9,210	7,140	5,520	3,900	129,000

給与から天引きする
住民税の求め方

POINT
➡会社員の住民税は給与から天引きして会社が納付する
➡会社で税額計算は行わず通知された金額を天引きする

住民税とは

　地方税法で定める都道府県民税と市区町村民税を総称して住民税といいます。住民税は法人（≒会社）にも個人にも課税されますが、**個人が納める住民税を個人住民税と呼び、所得割額、均等割額、利子割額などいくつかの種類から構成されています。**

　個人住民税のうち会社員の所得割と均等割については特別徴収といって、毎月の給与から天引きして会社が各自治体へ納付するルールになっています。

特別徴収の仕組み

　会社は自社の役員や従業員の年末調整（P.196参照）を行ったあとで、**1年間の給与の支払金額や所得控除額を記載した「給与支払報告書」という書類を1月31日までに、役員や従業員が住んでいる各市区町村役場へ提出します。**

　給与支払報告書の提出を受けた市区町村役場がその内容をもとに、個人住民税の所得割と均等割の計算を行い、**6月支給給与から翌年5月支給給与までで毎月天引きすべき住民税額を記載した「特別徴収税額決定通知書」と、金額記載済みの納付書を送ってきます。**あとは決定通知書に記載された金額を毎月の給与支給時に天引きし、送付されてきた納付書で翌月10日までに納付することを繰り返します。社会保険料と雇用保険料、所得税は会社で金額を計算しますが、住民税の特別徴収税額の場合は、自治体側で計算した金額を毎月天引きします。

キーワード
普通徴収：個人住民税の納付方法については、特別徴収のほかに、市区町村役場から自宅へ届く納付書を使って自分で納付する普通徴収という方法がある。

給与支払報告書（個人別明細書）

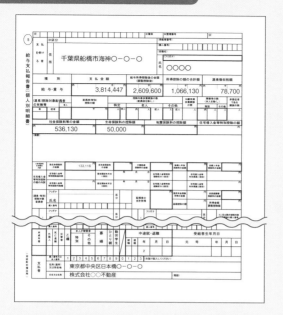

年末調整を行ったあと、1月31日までに従業員が住んでいる市区町村へ提出します。

特別徴収税額決定通知書

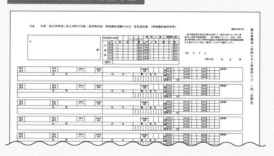

市区町村役場で特別徴収すべき個人住民税を計算し、5月ごろ会社へ通知書が送られてきます。

Advice

中途入社の社員の場合

　会社員の個人住民税は特別徴収で納付するのが原則ですが、中途入社の社員の場合、年末調整を自社で行っていないため、入社1年目は普通徴収で納付することになります。入社1年目から特別徴収を希望する場合は、中途入社の社員が住む市区町村役場へ特別徴収への切替申請書を提出すれば、特別徴収税額を記載した通知書と納付書を送ってくるので、それに基づき特別徴収を開始します。

給与に関する出納業務と会計業務

➡ 給与支給日の朝には振り込まれるように手続きをする
➡ 預かった社会保険や税金は期限に遅れないよう納付する

給与明細が完成したあとの4つの業務

①支給日の朝には役員や従業員の口座へ振り込まれるよう出納業務を行う

金融機関の給与振込サービスを使う場合は、支給日の3営業日前が振込手続きの期限であることが多いため、遅れないように注意が必要です。

②天引きした社会保険料の納付

社会保険料は当月分を翌月末までに納付するルールです。例えば9月分の保険料は10月31日が納付期限です。したがって納付期限に合わせて天引きする会社が多いです（例：9月分の保険料は10月支給の給与から天引きして10月31日に納付する）。納付書でも払えますが、実務上は事前に口座振替手続きをして毎月末に自動引き落としで支払う場合が多いでしょう。

③天引きした所得税と住民税の納付

給与から天引きした所得税と住民税は、原則として支給日の翌月10日までに納付するルールです。所得税は「給与所得・退職所得等の所得税徴収高計算書」へ源泉徴収した所得税の金額を自分で記入して納付します。最近だとe-Taxでこの計算書を税務署へ送信したのち、納税はPay-easyやダイレクト納付（口座振替）などで支払う事が多いでしょう。住民税については市区町村役場があらかじめ金額が記載されている納付書を送ってくるので、それを使って納付します。

④給与の仕訳を行う

出納業務がひととおり終わったらそれを仕訳の形で記録します。

🔑 キーワード **ダイレクト納付**：電子申告で提出した申告書や計算書に関する税金を口座振替で納税する方法で、事前に税務署や地方自治体へ申請書を提出する必要がある。

給与に関する一連の仕訳例

15日締め25日支給の会社の場合

①勤怠締日＝給与確定の日

日付	10月15日

締日で未払計上する（締日と支給日が同月の会社は、締日の仕訳を省略して支給日にまとめて計上する場合もある）。なお、通常は全社員分を合計して１つの仕訳で記録する

借方　　**貸方**

科目	金額	消費税区分	科目	金額	消費税区分	摘要
役員報酬	1,600,000	対象外	未払金	7,939,495	対象外	10月分　計上
給料手当	6,087,615	対象外				10月分　計上
旅費交通費	251,880	課税仕入				10月分　計上

通勤手当は消費税区分が課税仕入になるので、他の支給額とは行を分けて仕訳を行う

②給与支給日

日付	10月25日

天引きした控除額は、締日ではなく支給日で預り金に計上する。預り金には補助科目を設定するとよい

借方　　**貸方**

科目	金額	消費税区分	科目	金額	消費税区分	摘要
未払金	7,939,495	対象外	預り金（社会保険）	902,648	対象外	10月分　支給
			預り金（雇用保険）	37,647	対象外	10月分　支給
			預り金（所得税）	470,162	対象外	10月分　支給
			預り金（住民税）	446,400	対象外	10月分　支給
			普通預金	6,082,638	対象外	10月分　支給

③社会保険料納付日

日付	10月31日

本人負担分の社会保険料（預り金）と会社負担分の社会保険料（法定福利費）を納付する。会社負担分には「子ども子育て拠出金」が含まれるため、法定福利費のほうが若干金額が多くなる

借方　　**貸方**

科目	金額	消費税区分	科目	金額	消費税区分	摘要
預り金（社会保険）	902,648	対象外	普通預金	1,826,564	対象外	社会保険料 9月分　納付
法定福利費（社会保険）	923,916	対象外				社会保険料 9月分　納付

④税金納付日

日付	11月10日

天引きした所得税と住民税を、支給日の翌月10日までに納付する

借方　　**貸方**

科目	金額	消費税区分	科目	金額	消費税区分	摘要
預り金（所得税）	470,162	対象外	普通預金	916,562	対象外	源泉徴収税 10月支給分　納付
預り金（住民税）	446,400	対象外				特別徴収住民税 10月分　納付

※従業員10人未満の会社の場合、事前に税務署や市区町村役場へ申請書を提出したうえで、半年毎に６カ月分をまとめて納付する「納期の特例」という制度を使っている場合もあります

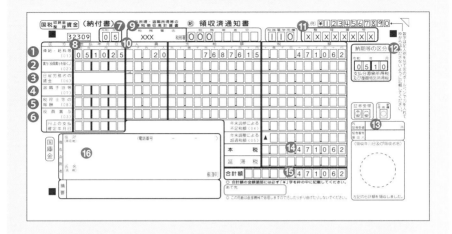

❶ 俸給、給料、賃金、歳費など

❷ 賞与（役員賞与を除く）

❸ 日額表の丙欄を適用する給与

❹ 退職手当や一時恩給

❺ 税理士、弁護士、公認会計士、社会保険労務士及び司法書士などの業務に関して支払う報酬

❻ 法人の法人税法第2条第15号に規定する役員に対する賞与（使用人兼務役員に対する使用人職務分の賞与を除きます）

❼ 会計年度（毎年4月1日～翌年3月31日）を記載します

❽ 実際の支払年月日を記載します。年月は「納期等の区分」欄と一致します

❾ 所轄の税務署名を記載します（税務署番号の記載は必要ありません）

❿ 各項ごとに各月の実人員（日雇労務者の賃金は延べ人員）を記載します

⓫ 貴殿（社）の整理番号を間違えないように記載します

⓬ 給与、退職手当等を支払った年月を記載します

⓭ 記載不要

⓮「税額」の項の計を計算して記載します

⓯ 金額を書き誤ったときは新しい納付書に書き直します

⓰ 貴殿（社）の住所（所在地）及び氏名（名称）を記載します

Advice

補助科目の活用

　給与からは社会保険料、雇用保険料、所得税、住民税を天引きしますが、それぞれ納付方法は異なります。したがって、勘定科目「預り金」に上記4つの補助科目を設定し仕訳をしておくと、補助元帳を使っての残高管理がやりやすくなります。

賞与から天引きする
社会保険料と所得税の計算方法

POINT
→ 賞与の社会保険料は保険料率を乗じて求める
→ 賞与の源泉徴収税額は給与とは別の表を使って計算する

賞与から天引きするものは3つある

賞与を支給する際に天引きするものは社会保険料、雇用保険料、所得税の3つです。住民税は給与から特別徴収する前提で納付書が送られてくるので、通常は賞与から天引きすることはありません。

①賞与から天引きする社会保険料

支給する賞与額面金額の千円未満を切り捨てた金額（標準賞与額）に保険料率を乗じて求めます。給与は保険料額表に当てはめて金額を求めることもできますが、賞与にそのような表はないので、保険料率を乗じて計算します。

②賞与から天引きする雇用保険料

給与の場合と同じように、支給する賞与額面金額そのものに雇用保険料率を乗じて計算します。

③賞与から天引きする所得税

国税庁が毎年公表している「賞与に対する源泉徴収税額の算出率の表」から、「賞与に乗ずべき率」を求め、その率を賞与額面金額から①で求めた社会保険料と②で求めた雇用保険料を差し引いた金額に乗じて求めます。

「賞与に乗ずべき率」を求めるために、「扶養控除等申告書から読み取る扶養親族等の数」と「前月支給の給与明細から読み取る社会保険料等控除後の給与の金額」の2つの情報が必要になります。

豆知識　賞与を支給したら5日以内に日本年金機構へ「賞与支払届」を提出し、翌月末に賞与の保険料を上乗せした金額を口座振替等で納付することになる。

賞与から天引きする社会保険料の計算

令和6年3月分（4月納付分）からの健康保険・厚生年金保険の保険料額表

- 健康保険料率：令和6年3月分〜 適用
- 介護保険料率：令和6年3月分〜 適用
- 厚生年金保険料率：平成29年9月分〜 適用
- 子ども・子育て拠出金率：令和2年4月分〜 適用

（東京都） (単位：円)

標準報酬		報酬月額		全国健康保険協会管掌健康保険料				厚生年金保険料（厚生年金基金加入員を除く）	
				介護保険第2号被保険者に該当しない場合		介護保険第2号被保険者に該当する場合		一般、坑内員・船員※	
等級	月額			9.98%		11.58%		18.300%※	
		円以上	円未満	全額	折半額	全額	折半額	全額	折半額
1	58,000	〜	63,000	5,788.4	2,894.2	6,716.4	3,358.2		
2	68,000	63,000 〜	73,000	6,786.4	3,393.2	7,874.4	3,937.2		
3	78,000	73,000 〜	83,000	7,784.4	3,892.2	9,032.4	4,516.2		
4(1)	88,000	83,000 〜	93,000	8,782.4	4,391.2	10,190.4	5,095.2	16,104.00	8,052.00
5(2)	98,000	93,000 〜	101,000	9,780.4	4,890.2	11,348.4	5,674.2	17,934.00	8,967.00

40歳以上65歳未満なので、「介護保険料」も徴収する

例 45歳の社員へ賞与500,500円を支給する場合に天引きする社会保険料
 ➡ 標準賞与額=500,000円 （千円未満切り捨て）

①健康保険料&介護保険料　11.58%÷2=5.79%　　②厚生年金保険料　18.300%÷2=9.15%

500,000円×5.79%=28,950円　　　　　　500,000円×9.15%=45,750円

①+②=74,700円（賞与から天引きする社会保険料）

賞与から源泉徴収する所得税額の求め方

例 6月に夏季賞与500,500円を支給する、扶養親族等の数は2名

①扶養控除等申告書から扶養親族等の人数を読み取る（通常は「給与所得の源泉徴収税額表（月額表）」で使う人数と同じ）
 ➡ 2名

②前月の給与明細から社会保険料等控除後の金額を求める

○○年○月　給与明細

株式会社△△
□□□□様

勤怠		支給		控除		差引支給額	
総労働日数	19	基本給	220,500	健康保険料	14,000	年末調整還付	0
有休消化日数	1	資格手当	1,000	介護保険料	2,548	年末調整徴収	0
欠勤日数	0	通勤手当	4,500	厚生年金保険料	25,620		
総労働時間	137時間45分	残業手当	50,250	雇用保険料	1,630	振込支給額	224,872
残業時間	1時間45分	立替経費精算	7,700	所得税	5,780		
				住民税	9,500		
		支給合計	283,950	控除合計	59,078	差引支給合計	224,872

①所得税の課税対象	271,750
②社会保険料等の金額	43,798
①－②＝社会保険料等控除後の給与の金額	227,952

賞与に対する源泉徴収税額の算出率の表に当てはめる

③扶養親族等の人数と、前月給与の社会保険料等控除後の給与の金額から、「賞与の金額に乗ずべき率」を求める

賞与に対する源泉徴収税額の算出率の表（2023年分）

2012年3月31日財務省告示第115号別表第三（2020年3月31日財務省告示第81号改正）

賞与の金額に乗ずべき率	甲							
	扶 養 親 族 等 の 数							
	0 人		1 人		2 人		3 人	
	前 月 の 社 会 保 険 料 等 控 除 後 の 給 与 等 の 金 額							
	以上	未満	以上	未満	以上	未満	以上	未満
％	千円	千円	千円	千円	千円	千円	千円	千円
0.000	68千円未満		94千円未満		133千円未満		171千円未満	
2.042	68	79	94	243	133	269	171	295
4.084	79	252	243	282	269	312	295	345
6.126	252	300	282	338	312	369	345	398
8.168	300	334	338	365	369	393	398	417
10.210	334	363	365	394	393	420	417	445
12.252	363	395	394	422	420	450	445	477
14.294	395	426	422	455	450	484	477	510
16.336	426	520	455	520	484	520	510	544
18.378	520	601	520	617	520	632	544	647
20.420	601	678	617	699	632	721	647	745
22.462	678	708	699	733	721	757	745	782
24.504	708	745	733	771	757	797	782	823
26.546	745	788	771	814	797	841	823	868
28.588	788	846	814	874	841	902	868	931
30.630	846	914	874	944	902	975	931	1,005
32.672	914	1,312	944	1,336	975	1,360	1,005	1,385
35.735	1,312	1,521	1,336	1,526	1,360	1,526	1,385	1,538
38.798	1,521	2,621	1,526	2,645	1,526	2,669	1,538	2,693
41.861	2,621	3,495	2,645	3,527	2,669	3,559	2,693	3,590
45.945	3,495千円以上		3,527千円以上		3,559千円以上		3,590千円以上	

この「率」を、今回の賞与額面金額（500,500円）から控除すべき社会保険料と雇用保険を差し引いた後の金額に乗じて、賞与から源泉徴収する所得税を求める（率を乗じた結果の円未満の端数は切り捨て）

前月給与の社会保険料等控除後の金額「227,952円」が含まれる部分を見つける

算定基礎届の提出と社会保険料の決定

POINT

➡社会保険料は被保険者毎の標準報酬月額に基づき決まる
➡毎年7月に算定基礎届を提出し標準報酬月額が決まる

社会保険の加入対象者と保険料の決め方

　会社で常時働いている人は社会保険への加入が義務付けられており、役員、正社員、試用期間中の人、外国人、アルバイト、パートなど、国籍、年齢、身分などを問いません。ただし、**1週間の所定労働時間または1月の所定労働日数が常時雇用者の4分の3未満である場合などは加入対象者から除かれます。**

　保険料は本人と会社が半分ずつ負担し、給与や賞与の支払時に本人負担分を会社が天引きして、会社負担分とあわせて納付します（P.174参照）。**負担すべき保険料は標準報酬月額に基づき決まります。**標準報酬月額は「資格取得時決定」「定時決定」「随時改定」のいずれかの手続きを経て決まります（P.174参照）。このうち毎年必ず行われる手続きは定時決定です。

算定基礎届の記載方法

　定時決定のために、**会社は7月1日現在働いている被保険者の4月、5月、6月の報酬月額を集計し、「算定基礎届」という書類に記載して日本年金機構へ7月10日までに提出します**（右ページ参照）。算定基礎届を提出すると、日本年金機構から「健康保険・厚生年金保険被保険者標準報酬決定通知書」が発行され、定時決定された被保険者毎の標準報酬月額が記載されています。**定時決定された標準報酬月額は、その年の9月分の保険料（10月末納付期限）から翌年8月分（翌年9月末納付期限）の保険料まで適用されます。**

豆知識　事前にGビズIDを取得し、日本年金機構のサイトから無料の届書作成プログラムをダウンロードして算定基礎届を作成すると電子申請で提出することもできる。

算定基礎届の記入例

前提条件

給与規程…月給制、毎月20日締、当月25日支払い

従前の標準報酬月額…健康保険及び厚生年金保険ともに前年の定時決定で決まった
320,000円

生年月日…昭和51年8月1日

支給月	基本給	役職手当	通勤手当	残業手当	合計
4月	320,000	20,000	10,000	0	350,000
5月	320,000	20,000	10,000	20,000	370,000
6月	320,000	20,000	10,000	10,000	360,000

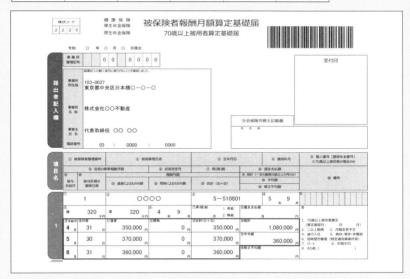

健康保険・厚生年金保険被保険者標準報酬決定通知書の例

健康保険・厚生年金保険被保険者標準報酬決定通知書

被保険者 整理番号	被保険者氏名	適用年月	決定後の標準報酬月額 （健保）	（厚年）	生年月日	種別
1		R5.9	360千円	360千円		
2						

9月分（10月末保険料納付分）から新しい標準報酬月額を当てはめて計算する

労働保険料の年度更新と納付の流れ

POINT
➡ 労働保険は会社で働くほとんどの労働者が対象になる
➡ 原則として年度更新で1年分の保険料を納付する

労働保険の対象者

　労災保険と雇用保険を総称して労働保険といいます（P.176参照）。労災保険は雇用形態等にかかわらず、労働の対価として賃金を受けるすべての者が対象になります。雇用保険については労働者のうち、「1週間の所定労働時間が20時間以上」かつ「31日以上の雇用見込みがある」場合には原則として被保険者となります。会社で働く人のうち役員（＝労働者ではない人）と役員の同居親族以外は労働保険の対象になるイメージですが、昼間学生の場合は雇用保険の対象になりません。

労働保険料の納付方法

　労働保険料は、一保険年度（4月1日～翌年3月31日）の7月10日までにその年度の概算保険料を前払いで申告納付します。概算保険料はその保険年度で支払う賃金総額見込金額に保険料率を乗じて計算します。翌年3月31日の保険年度終了時に実際に支払った賃金総額に基づいて確定保険料を計算し、その年の6月1日～7月10日の間で前年に概算払いした保険料と精算します（払いすぎていれば還付され、払い足りなければ追加で納付します）。また、同じタイミングで新たに概算保険料を納付します。この手続きを「年度更新」といいます。

　労働保険料は原則として年度更新の7月10日を期限としてまとめて納付します。ただし概算保険料部分については労働保険事務組合に事務委託するか、概算保険料の額が40万円以上であれば3回に分けて納付することもできます。

豆知識 労働保険の年度更新は事前にGビズIDを取得しておくことで、e-Govという行政サービスのポータルサイトから電子申請で行うことができる。

労働保険料の納付の流れ

2023年度の精算を行う

2023年 4月1日～ 2024年 3月31日

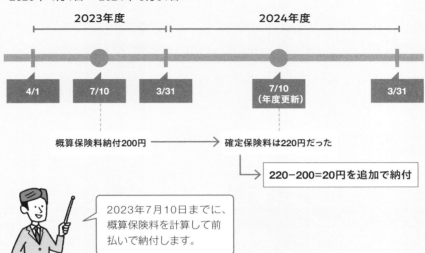

概算保険料納付200円 ⟶ 確定保険料は220円だった

220−200＝20円を追加で納付

2023年7月10日までに、概算保険料を計算して前払いで納付します。

2024年度の概算保険料を払う

2024年 4月1日～ 2025年 3月31日

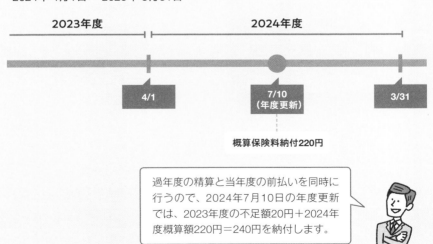

概算保険料納付220円

過年度の精算と当年度の前払いを同時に行うので、2024年7月10日の年度更新では、2023年度の不足額20円＋2024年度概算額220円＝240円を納付します。

労働保険の対象となる者（原則）

労働保険

労災保険
対象：すべての労働者
保険料：全額事業主が負担する

雇用保険
対象：① 1週間の所定労働時間が20時間
　　　　　以上
　　　② 31日以上雇用の見込みがある
　　　①②の条件を満たす労働者
保険料：労働者と事業主が双方で負担する

申告書の書き方パンフレット

年度更新については厚生労働省のサイトに詳しい手引きが毎年発表されるので、それを参考に手続きを行います。

出典：「申告書の書き方パンフレット」（厚生労働省）より

Advice

年度更新の申告書の提出先

　年度更新では「労働保険概算・増加概算・確定保険料／石綿健康被害救済法一般拠出金申告書」を作成し保険料を計算します。納付額がある場合は金融機関窓口へ申告書を提出し、保険料を納付します。納付額がなく、かつ還付になる場合は、管轄の労働基準監督署または労働局へ還付請求書とともに提出します。

退職金に関する 税金の計算と手続き

POINT

➡ 退職金の税金は給与や賞与とは計算方法が異なる
➡ 退職所得の受給に関する申告書を必ず提出してもらう

退職金に関する税金

　経営や労働の対価として会社から支払われるもののうち、退職したことに基因して一時に支払われるものを退職金といい、税法上は「退職所得」として給与や賞与（＝給与所得）より税負担が軽くなるような計算をします。また退職金は社会保険料や労働保険料の対象となりません。したがって退職金を支給する際には、退職金の額面金額から退職所得として計算した所得税と住民税を天引きして、残りを退職者へ支払います。具体的には、まず退職所得を計算し、所得税や住民税の速算表に当てはめて天引きする税金を計算します（P.194参照）。

退職金に関する手続き

　退職金を支払う際には、退職者から「退職所得の受給に関する申告書」を会社へ提出してもらう必要があります。実務上は会社側である程度記入しておき、退職者に内容を説明したうえで、右上の「あなたの」欄だけ記入してもらう対応が多いでしょう（P.195参照）。提出後は会社で保管をし、税務調査で提出を求められた場合に提示します。**この申告書の提出がない場合、支払側である会社は、退職金×20.42％の金額を所得税として天引きしなければならないルール**になっています（住民税の天引き金額は申告書提出の有無では変わりません）。また、会社は「退職所得の源泉徴収票・特別徴収票」を作成し、退職後1カ月以内に退職者へ交付しなければなりません。

豆知識　役員へ退職金を払ったら、「退職所得の源泉徴収票・特別徴収票」を会社の所轄税務署と退職者の退職日の属する年の1月1日現在の住所地の市区町村にも提出する。

退職所得の計算方法

退職所得の金額＝（収入金額−退職所得控除額※）×1/2

※退職所得控除額

勤続年数	退職所得控除額
20年以下	40万円×勤続年数（最低80万円）
20年超	800万円+70万円×（勤続年数−20年）

> 勤続年数に1年未満の端数があるときは、その端数を1年として計算

例 勤続年数29年1月→30年

この場合の退職所得控除額は…800万円+70万円×（30年−20年）=1,500万円

> 障害者になったことに直接基因して退職した場合には、通常の退職所得控除額に100万円を加算します

計算例

勤続年数30年の社員へ額面2,000万円の退職金を支給する場合

（退職所得の受給に関する申告書の提出あり）

- 退職所得 =（20,000,000円 − 15,000,000円）×1/2 = 2,500,000円（千円未満切捨）
- 源泉徴収する所得税…上記で求めた退職所得の金額を「退職所得の源泉徴収税額の速算表」へ当てはめて計算します

所得税＝（2,500,000円×10%−97,500円）×102.1%=155,702円（円未満切捨）

退職所得の源泉徴収税額の速算表（令和5年分）

課税退職所得金額(A)		所得税率(B)	控除額(C)	税額＝((A)×(B)−(C))×102.1%
	1,950,000円以下	5%	—	((A)×5%) ×102.1%
1,950,000円超	3,300,000円 〃	10%	97,500円	((A)×10% − 97,500円)×102.1%
3,300,000円 〃	6,950,000円 〃	20%	427,500円	((A)×20% − 427,500円)×102.1%
6,950,000円 〃	9,000,000円 〃	23%	636,000円	((A)×23% − 636,000円)×102.1%
9,000,000円 〃	18,000,000円 〃	33%	1,536,000円	((A)×33% − 1,536,000円)×102.1%
18,000,000円 〃	40,000,000円 〃	40%	2,796,000円	((A)×40% − 2,796,000円)×102.1%
40,000,000円 〃		45%	4,796,000円	((A)×45% − 4,796,000円)×102.1%

（注）求めた税額に1円未満の端数があるときは、これを切り捨てます。

- 特別徴収する住民税…退職所得のうち2分の1する前の金額を「退職所得に係る道府県民税・市町村民税の特別徴収税額早見表（平成25年1月1日以降適用）」に当てはめて計算します

退職所得のうち2分の1する前の金額→20,000,000円 − 15,000,000円 = 5,000,000円
5,000,000円を「退職所得に係る道府県民税・市町村民税の特別徴収税額早見表」に当てはめる
市町村民税＝150,000円
道府県民税＝100,000円

退職所得に係る道府県民税・市町村民税の特別徴収税額早見表（平成25年1月1日以降適用）

退職所得控除額控除後の退職手当等の金額（2分の1前）		特別徴収税額		
か　ら	ま　で	市町村民税 （特別区民税）	道府県民税 （都　民　税）	合　　計
円	円	円	円	円
5,000,000	5,003,999	150,000	100,000	250,000
5,004,000	5,005,999	150,100	100,000	250,100

退職金の仕訳例

日付	10月31日 ●	退職金支給日

借方			貸方			
科目	金額	消費税区分	科目	金額	消費税区分	摘要
退職金	20,000,000	対象外	預り金（所得税）	155,702	対象外	○○（人名） 退職金支給
			預り金（住民税）	250,000	対象外	○○（人名） 退職金支給
			普通預金	19,594,298	対象外	○○（人名） 退職金支給

退職所得の受給に関する申告書の例

退職者が記入する

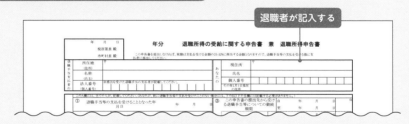

勤続年数5年以下の役員や従業員へ退職金を支払う場合は「特定役員退職手当等」や「短期退職手当等」に該当し、上記とは異なる計算を行います。

Advice

退職金に関する税金の納付期限

　天引きした所得税と住民税は、原則として徴収日（＝退職金支給日）の翌月10日までに給与等の所得税や住民税とともに納付する必要があります。給与等の税金を半年ごとに納付する特例で納めている場合はそれに合わせて納付します。

所得税の計算方法と年末調整の作業

POINT
➡ 年末調整は所得税の確定申告と同じことをしている
➡ 給与に関する確定申告の代行が年末調整のイメージ

◢ 所得税の計算方法と年末調整の関係

　所得税の計算方法を段階的にイメージできていると、年末調整の理解に役立ちます。所得税の計算方法として、**まずは個人の1暦年（1〜12月）のもうけ（≒所得）をその原因別に10種類に分けて計算します。**なお、会社からもらう給与は「給与所得」に分類されます。10種類の所得が計算できたら、適用する税率の違いにより「総合課税」「分離課税」に分けます（右ページ図解の第2段階）。

　次に、配偶者控除や生命保険料控除といった、所得から控除できる項目を集計し（右ページ図解の第3段階）、第2段階の金額から差し引き、税率を乗じる対象となる課税所得を求めます（右ページ図解の第4段階）。課税所得に所得税率を乗じて求めた税額から、前払税金（源泉徴収された所得税）と税額控除（住宅ローン控除など）を差し引いて、不足額があれば納付し、前払税金のほうが多ければ還付されます（右ページ図解の第5段階）。

　所得税の確定申告書はこの計算の流れに従って作成されています。そして年末調整とは、このうち給与に関する部分を会社側で行う作業になります。別の言い方をするならば、**年末調整とは「自社で働く役員や社員の給与に関する確定申告を会社側で代行している作業」**といえます。会社が年末調整を行うために不足している情報は、右ページの図解の流れのうち第3段階の「所得控除」と第5段階の「税額控除」なので、毎年秋になるとその情報収集のための書類（保険料控除申告書など）を役員や社員から回収して12月に年末調整を行います。

豆知識　所得控除のうち「雑損控除」「医療費控除」「寄附金控除」は年末調整では適用できないルールなので、年末調整後に自分で確定申告を行って適用する。

所得税の計算方法

個人の1暦年（1〜12月）のもうけ

課税対象のもうけ

非課税のもうけ

第1段階 10種類の所得計算

| 給与所得 | 退職所得 | 利子所得 | 配当所得 | 不動産所得 | 事業所得 | 山林所得 | 譲渡所得 | 一時所得 | 雑所得 |

第2段階 適用税率ごとに集計

総合課税と分離課税に分ける

第3段階 所得控除額の計算

小規模企業共済等掛金控除
社会保険料控除
生命保険料控除
地震保険料控除
寡婦控除
ひとり親控除
勤労学生控除
障害者控除
配偶者控除
配偶者特別控除
扶養控除
基礎控除
雑損控除
医療費控除
寄附金控除

第4段階 課税所得の算出

課税所得

× 税率 =

第5段階 納付（または還付）税額の計算

算出税額

税額控除

前払税金

毎月の給与から源泉徴収されている所得税

前払いし過ぎた金額は還付される

▭ …年末調整で取り扱う部分

年末調整の流れと源泉徴収簿の作成

➡ 年末調整は作業の全体像を理解することが重要
➡ 年末調整の作業は源泉徴収簿の作成が中心となる

■ 実務においては全体像の理解が重要

　実務における年末調整作業は、給与計算ソフトや年末調整ソフトを使って行うことが多いため、画面の指示に従って入力すれば税額まで自動計算されます。そのため実務を行ううえでは年末調整作業の全体像を理解しておき、**ソフトを使って計算した結果、全体像の観点から検証しておかしな数値になっていないかどうか、という視点を持つことが重要**になります。

■ 年末調整作業の中心は源泉徴収簿の作成

　年末調整は右ページのような流れで作業が進みます。作業の中心となるのは源泉徴収簿の作成です。ソフトを使う場合も、最終的には源泉徴収簿を完成させるために各種の入力を行っています。源泉徴収簿の機能は大きく左側と右側に分けて考えることができます（P.200・201参照）。左側は1年分の給与と賞与の支給額と、天引きした社会保険料と雇用保険料、および所得税を集計している部分です。そして左側で集計した合計金額と、役員や従業員から提出された年末調整関係書類の情報を組み合わせて実際の税額計算をしているのが右側になります。

　ソフトを使った年末調整作業が終わったら、源泉徴収簿をソフトから出力し、年末調整関係書類を突き合わせてチェックすることで、入力間違いなどがないか確認します。その後、ソフトから源泉徴収票を出力し役員と従業員へ渡すとともに、給与支払報告書を出力して市区町村役場へ提出します。

キーワード

再年調：年末調整の計算をやり直すこと。源泉徴収票を社員等へ交付する前、かつ翌年1月末日まであれば、年末調整の計算をやり直すことが認められている。

年末調整の流れ

1.年末調整のための情報収集（年末調整関係書類を社員から回収）…10～11月

【年末調整関係書類】
- 扶養控除等申告書
- 保険料控除申告書
- 基礎控除申告書 兼 配偶者控除等申告書 兼 所得金額調整控除申告書
- 住宅借入金等特別控除申告書

2.年末調整作業（＝源泉徴収簿を作成する作業）…12月

①1年分の給与・賞与・社会保険料等・源泉徴収税額を集計
　（集計した結果を源泉徴収簿右側「年末調整」欄の①、③、④、⑥～⑧、⑫欄へ）

②給与「所得」を計算＝給与所得控除した後の金額を求める
➡ 国税庁「年末調整のための給与所得控除後の給与等の金額の表」を参照（源泉徴収簿⑨欄へ）
　※給与収入850万円超の場合
　　特別障害者(本人or同一生計配偶者or扶養親族) または23歳未満の扶養親族有りの要件
➡ いずれかの要件を満たす場合「所得金額調整控除」を⑩欄へ

③所得控除を反映
➡ 扶養控除等申告書、保険料控除申告書、基礎控除申告書 兼 配偶者控除等申告書 兼 所得金額調整控除申告 を参照（源泉徴収簿⑬～⑳欄へ）

④差引課税所得＆算出所得税額を求める
➡ 国税庁「所得税率の速算表」を参照（源泉徴収簿㉑㉒欄へ）

⑤住宅借入金等特別控除額を反映
➡ 給与所得者の住宅借入金等特別控除申告書（本年分）を参照（源泉徴収簿㉓㉔欄へ）

⑥年調年税額を求め、差引超過額または不足額を計算（源泉徴収簿㉕㉖欄へ）
　※源泉徴収簿が完成したら、その内容を源泉徴収票へ転記
➡ 源泉徴収簿は会社で保管、源泉徴収票は1部を従業員へ配付

年末調整後の手続きは1月末まで
- 給与支払報告書を従業員住所地の市役所等へ送付（1/31まで）
  （給与支払報告書総括表とともに提出する）
- 一定の金額以上の給与等を支払った役員・従業員について、源泉徴収票を税務署へ提出（1/31まで）
  （法定調書合計表とともに提出する）

源泉徴収簿の機能

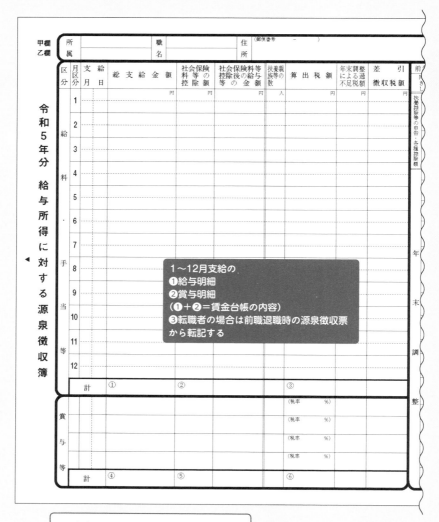

令和5年分 給与所得に対する源泉徴収簿

甲欄 乙欄	所属		職名		住所	(郵便番号　－　)	

区分	月区分	支給月日	総支給金額	社会保険料等の控除額	社会保険料等控除後の給与等の金額	扶養親族等の数	算出税額	年末調整による過不足税額	差引徴収税額
			円	円	円	人	円	円	円
給料・手当等	1								
	2								
	3								
	4								
	5								
	6								
	7								
	8								
	9								
	10								
	11								
	12								
	計		①	②			③		
賞与等							(税率　　%)		
							(税率　　%)		
							(税率　　%)		
							(税率　　%)		
	計		④	⑤			⑥		

1〜12月支給の
❶給与明細
❷賞与明細
（❶＋❷＝賃金台帳の内容）
❸転職者の場合は前職退職時の源泉徴収票
から転記する

前書き
扶養控除等の申告・各種控除額

年末調整

源泉徴収簿は、1年分の給与、賞与、天引きした社会保険、雇用保険料および所得税を集計する左側と、回収した年末調整関係書類に基づき年末調整を行う右側で、役割が分かれています。

源泉徴収簿右上は「扶養控除等申告書」から読み取った情報を記載し、所得控除のうち扶養控除や障害者控除などの金額を計算し、合計金額を⑱欄へ転記する

※左ページの源泉徴収簿の①～⑥の丸数字は、このページの①～⑥の丸数字と対応しています。

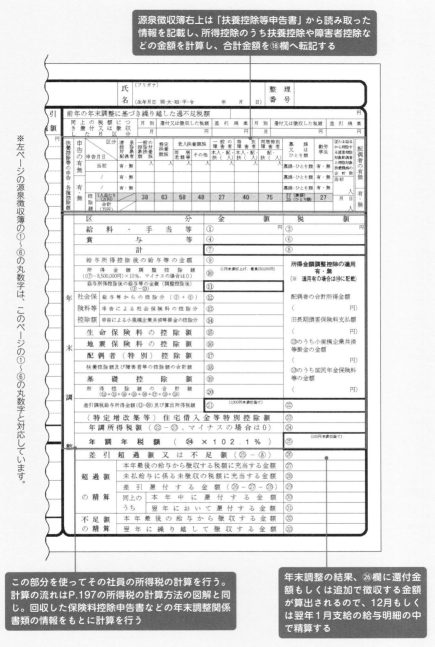

この部分を使ってその社員の所得税の計算を行う。計算の流れはP.197の所得税の計算方法の図解と同じ。回収した保険料控除申告書などの年末調整関係書類の情報をもとに計算を行う

年末調整の結果、㉖欄に還付金額もしくは追加で徴収する金額が算出されるので、12月もしくは翌年1月支給の給与明細の中で精算する

出典：国税庁HP「令和5年分給与所得に対する源泉徴収簿」

会社が行うさまざまな源泉徴収

　会社は給料を支払う際に、法令に基づいて計算した所得税を給料から天引きし、支払い日の翌月10日までに国へ納付することが義務付けられています。この制度を源泉徴収制度といいます。日本では給料以外にも源泉徴収が義務付けられている支払いがありますが、実務上関わりが多いものとして「報酬・料金等」があります。

■ 源泉徴収が義務付けられている報酬の例

　業態に関わらず実務でよく目にするものは「士業報酬の源泉徴収」でしょう。弁護士、司法書士、公認会計士、税理士など、士業が行う業務の報酬を支払う際には、支払い側の会社に源泉徴収が義務付けられています。また、著名人や専門家に講演や研修をしてもらった場合に、会社がその個人へ講演料や講師報酬を支払う際も源泉徴収を行います。

　源泉徴収が必要な報酬の内容は所得税法に定められていますが、実務を行う際には、国税庁が毎年公表している「源泉徴収のあらまし」の「報酬・料金等の源泉徴収義務」を確認するとよいでしょう。そこに記載されている報酬については支払い時に会社側で源泉徴収を行う必要があります。

　記載されていない報酬を支払う場合には源泉徴収は不要です。例えば、士業報酬のうち行政書士へ業務報酬を支払う際には源泉徴収を行う必要はありません。社内システム構築のためのプログラミング作業をフリーランスのプログラマーへ外注した場合も源泉徴収は不要です。

　源泉徴収税額については、「源泉徴収のあらまし」に示された「報酬の区分ごとの算式」に従って計算します。ほとんどの場合は「報酬の額×10.21%」で計算しますが、一度に100万円超を支払う場合や、報酬の区分によっては異なる計算式を使うこともあるので、必ず算式を確認しましょう。

　なお、支払い先が立て替えた実費（交通費など）を報酬と一緒に直接支払う場合は、立て替え金額についても税率を乗じる「報酬の額」に含めて計算しなければなりません。また、請求書等において税抜き報酬の額と消費税の額が明確に区分されている場合は、税抜きの金額を「報酬の額」として計算できます。

第6章

経理業務の一年の集大成〜決算書の作成

第6章では、決算書の作成について解説しています。年次決算書の作成は、経理担当者にとって年に一度のメインイベントです。決算資料の準備、書類の作成、法人税の計算、税務申告書の作成と提出、納税など、業務は多岐にわたります。スケジュールを立てて、少しずつ進めましょう。

Q&Aでわかる!
決算書の作成に関する疑問

第6章では決算書の作成についてまとめています。決算書の役割や作業の流れを確認しましょう。

経理部のAさん

Q.1

毎年、決算の時期は大変です。そもそも会社はなぜ決算書を作成しなければならないのでしょうか。

A. 株式会社や合同会社などが対象となる会社法においては、事業年度ごとに決算書を作成することが義務付けられています。会社の利益に対して課税される法人税法でも、決算書を添付して確定申告する必要があります。また、上場会社の場合は金融商品取引法に従って決算書を作成し開示する必要があります。

➡ 詳しい内容はP.206をチェック!

Q.2

年次決算は3カ月かけて作業を進めますが、おおまかな流れを教えてください。

経理部のBさん

A. 決算日前の1カ月間で関係者に必要な資料の提供を依頼し、決算日以降は集めた資料をもとに決算整理仕訳を追加して会計帳簿を完成させ、決算書を作成します。

➡ 詳しい内容はP.208をチェック!

Q.3

経理が決算作業のときに行う決算整理仕訳とは何のことでしょうか。

経理部のCさん

A. おもに「適正な期間損益計算（≒正しい利益の計算）」を目的として決算日の日付で入力する仕訳です。通常の仕訳は取引があったことを記録するために行いますが、決算整理仕訳は決算書がその会計期間の正しい利益を表すようにするための仕訳です。期末在庫の反映、減価償却費の計上、経過勘定科目の計上、引当金（ひきあてきん）の計上などがあります。

➡ 詳しい内容はP.212をチェック!

部長のDさん

Q.4

会社に税務調査が入ったという話を聞くことがあります。何を調べているのでしょうか。また、経理社員が対応するのでしょうか。

A. 税務調査には、裁判所の許可状に基づいてある日突然国税局が来る強制調査と、それ以外の任意調査があります。強制調査は悪質な脱税者に対して全国で年間150件程度しか着手されないものなので、税務調査の大部分は任意調査です。任意調査では事前に調査日の連絡があり、都合が悪ければ日程の調整もしてもらえます。ただし会社の経理社員で税務調査の対応経験が豊富な人は少ないでしょうから、顧問税理士も同席のうえで対応したほうがよいでしょう。

➡ 詳しい内容はP.236をチェック!

年次決算で作成する決算書の役割

POINT
➡ 年次決算書は法令に従って作成する
➡ 年次決算書は正確性を重視して作成する

年次決算書の役割と作成時の注意点

経理部門にとって年に一度の大仕事であり、最大の見せ場でもあるのが年次決算書の作成です。年次決算書の作成は会社が1年間商売を行ってきた結果をまとめる作業でもあるため、**年次決算書＝会社の成績表**ともいえるでしょう。月次決算（P.152参照）の場合は、「経営判断のための情報収集」という目的のために正確性を犠牲にしてでも、できるだけ短期間で月次決算書を作成することを優先します。一方、**年次決算で作成する決算書は会社法や税法により作成・保存・提出などが義務付けられており（会社法第435条、法人税法第74条第3項など）、一般に公正妥当と認められる企業会計の慣行に従って作成しなければなりません（会社法第431条、法人税法第22条第4項など）。**「一般に公正妥当と認められる企業会計の慣行」とは会計基準のことを指しており、中小企業の場合は「企業会計原則」「中小企業の会計に関する指針」などに従って決算書を作成します。

年次決算で作成する決算書は、社内において今後の経営判断の参考にされるのはもちろんのこと、社外に対しても必要に応じて提出や掲載を行うことになります。中小企業の場合は、法人税の確定申告書に添付して税務署へ提出したり、融資を受けている銀行へ提出したり、定款に定めた方法で公告する場合などが該当します。**提出した決算書の内容に重大な誤りがあると、税務調査でペナルティの加算税が課されたり、銀行融資が受けられなくなったりする可能性がある**ため、年次決算書は正確性を重視して作成しなければなりません。

キーワード　**公告：**会社法第440条により、株式会社は貸借対照表の公告が義務付けられており、公告の方法は官報へ掲載や自社のウェブサイトへの掲載などの方法がある。

月次決算と年次決算の違い

	月次決算	年次決算
目的	経営判断に役立てるためのタイムリーな情報収集	● 1年間行ってきた商売の結果をまとめる ● 法令遵守
決算書作成時のルール	● 年次決算で用いる会計基準を簡略化したもの ● 社内独自のルールで作成も可	● 会社法や税法で作成すべき決算書の種類や様式が定められている ● 会計基準に従って作成する必要がある
決算書の利用者	経営者など社内の人間	経営者に加えて、株主、債権者（≒銀行）、税務署など社外の人間も利用する
作業のポイント	大まかな業績把握ができる程度の正確性は確保しつつ、完成までのスピードを重視すべき	法令や会計基準に従って処理をしていない場合、会社が不利益を被る場合があるため、正確性を重視すべき

年次決算書の利用者とその視点

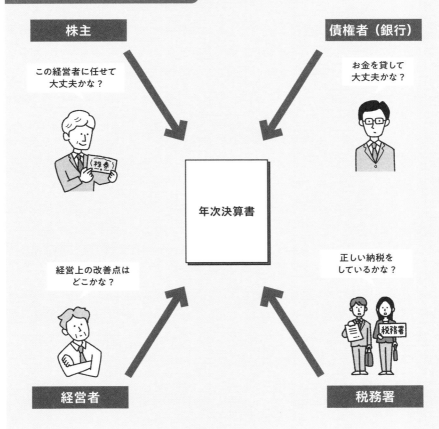

決算資料の準備と
決算作業のスケジュール

➡決算作業はおおむね3カ月かけて進めていく
➡決算作業の中心は各勘定科目の残高を確定させること

決算スケジュールのイメージ

　年次決算のスケジュールについては、おおむね3カ月かけて作業を進めていくイメージを持つとよいでしょう。

　まず決算日（右ページ参照）を含む1カ月間を使って、社内の各部門及び社外の取引先や金融機関などへ決算資料の依頼を行います。例えば**営業部門に対しては締日後〜決算日までの売上の集計資料などを依頼し、発注部門や製造部門に対しては実地棚卸の依頼などを行います。**取引先には残高確認を依頼し、金融機関からは残高証明書を入手します。

　決算日以降は、入手した決算資料に基づき決算作業を進めていきます。決算作業の期間ですが、上場企業とその関係会社は単体決算作業後の連結決算や監査手続きの関係で1週間〜10日間ほど、中小企業だと1カ月〜1.5カ月程度かけて行っていくことが多いでしょう。決算作業の中心は貸借対照表や損益計算書といった決算書を完成させることであり、決算書は総勘定元帳の各勘定科目の残高をまとめたものです。つまり、**決算作業とは入手した決算資料に基づく決算整理仕訳を追加して総勘定元帳を完成させる作業**といえます。

　決算書が完成したあとは、株式会社の場合は株主総会を開催し、株主が決算書を承認します。株主が決算書を承認したのち、税務署に対して法人税や消費税の申告書を提出し、必要な納税を行います。法人税や消費税の申告と納税は原則として決算日の翌日から2カ月以内に行います。

上場企業の連結決算対象になっている子会社の場合、親会社への連結決算関連情報の提供（＝連結パッケージの提出）業務も行っている。

決算スケジュールのイメージ（3月決算の株式会社の場合）

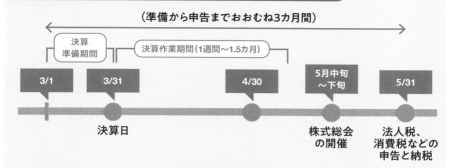

（準備から申告までおおむね3カ月間）

決算準備期間　決算作業期間（1週間～1.5カ月）

| 3/1 | 3/31 | 4/30 | 5月中旬
～下旬 | 5/31 |

決算日　　　　株式総会
の開催　　　法人税、
消費税などの
申告と納税

上場企業の場合、監査を受ける必要があるため上記とは異なるスケジュールとなる。例えば3月決算の上場企業とその関係会社の場合、株主総会を6月に開催し、決算内容の承認と配当の決議を行う。その後6月末に税務申告と納税を行い、7月に配当金を支払うというスケジュールが一般的。

勘定科目と決算資料

科目	決算資料の例
現金	決算日時点の実査結果
当座預金、普通預金など預金	金融機関が発行する残高証明書、預金通帳、当座勘定照合表、経理部門で作成する銀行勘定調整表
売掛金、受取手形など売上債権	得意先から返送してもらった残高確認書、営業部門が作成する売掛金管理表など
商品、貯蔵品など棚卸資産	実地棚卸の結果をまとめた資料
車両運搬具や器具備品、出資金、差入保証金など固定資産	固定資産台帳など補助簿、現物確認の結果をまとめた資料
買掛金、支払手形など仕入債務	仕入先から返送してもらった残高確認書、受け取った請求書、発注部門が作成する買掛金管理表、手形の耳など
長期借入金	金融機関が発行する残高証明書、返済明細表など
未払法人税等など税金債務	決算承認後に提出予定の法人税申告書、消費税申告書など
売上高	営業部門が作成する締日後売上の集計資料など
売上原価	製造業の場合は原価計算資料など
販売費及び一般管理費の科目	支払先から受け取った請求書、領収書など。減価償却費は固定資産管理ソフトで計算した結果を計上する。締日後～決算日までの給料手当の未払費用計上分は給与計算部門へ金額計算を依頼する。引当金繰入はその引当金の対象となる取引に関連する部門へ金額計算を依頼する
雑収入	補助金や保険金の支払通知書など
支払利息	金融機関が発行する返済明細表

209

決算で作成する書類と決算書の種類

➡決算書の範囲は法令によって若干異なる
➡決算書以外にも確定申告書などを作成する

経理部門が決算で作成する書類

　会社の決算作業とは社内のさまざまな部門が連携して進めていく作業です。このうち経理部門が中心となって進めていく作業は「決算書」の作成です。「決算書」とはいくつかの書類をまとめて呼ぶ際の総称であり、中心となる書類は「貸借対照表」と「損益計算書」です。決算書に含まれる書類はこれ以外にもいくつかあり、会社が従うべき法令に応じて作成します（右ページ参照）。

　また、決算書以外で経理部門が作成する書類は以下のとおりです。

①総勘定元帳

　会計帳簿の中心となる書類であり、日々の仕訳と決算整理仕訳を入力することで完成します。会計帳簿は会社法で10年間の保存が義務付けられています。

②確定申告書

　確定申告書というと個人が3月15日までに提出する所得税の申告書のイメージがありますが、会社が提出する法人税などの申告書も確定申告書といいます。

③法人事業概況説明書

　法人税の確定申告書に添付して提出する書類です。税務署ではなく国税局管轄の調査課所管法人の会社は、これに代えて会社事業概況書を提出します。

④適用額明細書

　租税特別措置法を適用して所得や税額が減少する場合に作成し、法人税申告書に添付して提出します。

 豆知識　中小企業の場合、決算で作成する書類のうち確定申告書については顧問税理士が作成する場合が多い。

法令ごとの決算書

法令	決算書
会社法	貸借対照表、損益計算書、株主資本等変動計算書、個別注記表
法人税法	貸借対照表、損益計算書、株主資本等変動計算書、勘定科目内訳明細書
金融商品取引法	貸借対照表、損益計算書、株主資本等変動計算書、キャッシュフロー計算書、附属明細表

※会社法では、このほかに事業報告と附属明細書の作成が義務付けられています。

法人事業概況説明書と適用額明細書の例

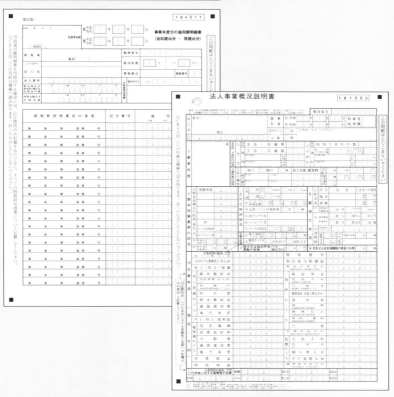

中小企業の場合は、会社法と法人税法に従った決算書を作成しています。

決算における残高確認と決算整理仕訳

➡ 残高確認は貸借対照表科目の残高について行う
➡ 残高確認をどの程度行うかは会社規模によって異なる

決算で行う残高確認の例

　経理が行う決算作業とは、主として各勘定科目の残高を確定させて貸借対照表や損益計算書といった決算書を作成することです（P.210参照）。このうち貸借対照表の勘定科目については、帳簿上の残高と現実の残高が一致しているかを確認し、両者が異なる場合には原則として現実の残高に合わせるような決算整理仕訳を行います。現実の残高は以下のような方法で確認します。

①現金、小口現金と未使用の切手、収入印紙、商品券など換金可能なもの

　決算日の通常業務終了後に実際の残高を数えて残高表を作成します。

②預金、借入金

　金融機関に手数料を支払って決算日における残高証明書を発行してもらいます。

③売掛債権や買掛債務

　取引先へ残高確認書を送付し、自社が認識している期末残高との相違の有無を確認します。実務上は上場企業とその関係会社の決算で行うことが多い作業です。

④商品、製品などの棚卸資産

　現物を数えて棚卸表を作成します。

⑤減価償却資産

　固定資産台帳に記載されている資産が存在しているか確認します。

　これらの残高確認作業は会計監査が義務付けられている上場企業や大会社では必ず行いますが、中小企業の場合は項目を絞って行う場合が多いです。

豆知識　減価償却資産の実地調査については、決算時ではなく、1月の償却資産申告書作成業務の一環として行う場合もある。

残高証明書の例

残高証明書

令和○年○月○日
○○区○○町○-○-○○
○△商事株式会社
成美一郎 様

○○銀行△△支店

| 令和○年○月○日　現在 | ◀── | **基準日** |

取引種類	口座番号	金額	摘要
普通預金	1234567	¥11,000,000	
定期預金	1122334	¥2,000,000	

売掛金残高確認書の例

売掛金残高確認書

令和○年○月○日

株式会社△△　御中

(住所) 東京都○○区○○町○○-○○
○○株式会社
代表取締役　○○○○

拝啓　時下ますますご清栄のこととお慶び申し上げます。
さて、お忙しいところ大変恐縮でございますが、弊社の決算に際し、下記のとおり
残高確認のほどよろしくお願い申し上げます。
誠に勝手ながら、決算処理上令和○年○月○日までにご回答くださいますようお願いいたします。

記

令和　年　月　日

株式会社○○　　行

令和○年3月31日　現在の残高は下記の通りであることを確認しました。

当社売掛金残高 11,000,000円

□ 上記に相違ありません。
□ 金額に相違があります。（債務残高 ＿＿＿＿＿＿ 円）

備考

住所
貴社名
代表者名

> 取引先から「金額に相違があります」と回答された場合は差額の原因を調査する必要があります。

> **取引先へ送付し、自社の期末残高との相違を確認する**

期間損益計算と決算整理仕訳

➡ 会社は人為的に区切った期間ごとに利益を計算している
➡ 正しい利益を計算するために決算整理仕訳を行っている

決算整理仕訳の意味

　現代の会計基準は「企業が解散等を予定することなく事業を継続的、恒久的に行っていく前提」で作成されています（この前提を「継続企業の公準」といいます）。したがって、損益計算書には人為的に区切った一定期間に属する収益とそれに対応する費用を記載して利益を表示しなければならない、という趣旨の会計基準が定められています（企業会計原則第二損益計算書原則一）。このように一定期間ごとに区切って利益を計算することを期間損益計算といいます。

　損益計算書には発生主義で認識した費用と実現主義で認識した収益が集計されます（P.61参照）が、適正な期間損益計算（＝その期間の正しい利益計算）を行うためには、発生主義で認識した費用のうち実現主義で認識した収益に対応するものだけを損益計算書に集計する必要があります。この考え方を「費用収益対応の原則」といいます。決算整理仕訳の多くはこの費用収益対応の原則に基づいて行っています。例えば、単価100円の商品を500個仕入れた場合、発生主義で仕入高50,000円を認識します。この商品を1個150円で期末までに300個売った場合、実現主義で売上高45,000円を認識します。この段階で売上高から仕入高を差し引くと45,000円－50,000円＝－5,000円ですが、翌期以降販売可能な在庫200個分の仕入高は決算整理仕訳で商品へ振り替えます。その結果、売上高45,000円（300個）に対応する仕入高（＝売上原価）である30,000円（300個）が損益計算書に集計され、正しい売上総利益15,000円が表示できます（右ページ参照）。

会計公準：企業会計が行われるための基礎的前提のこと。「継続企業の公準」の他に「企業実体の公準」「貨幣測定の公準」がある。

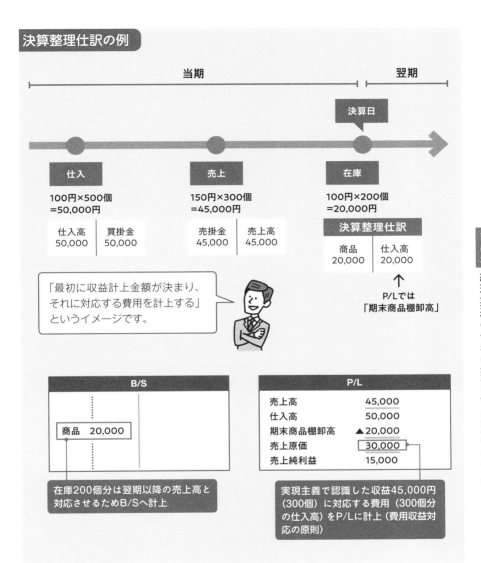

決算整理仕訳の例

当期 ｜ **翌期**

決算日

仕入	売上	在庫
100円×500個 =50,000円	150円×300個 =45,000円	100円×200個 =20,000円

仕入高 50,000	買掛金 50,000

売掛金 45,000	売上高 45,000

決算整理仕訳

商品 20,000	仕入高 20,000

↑
P/Lでは
「期末商品棚卸高」

「最初に収益計上金額が決まり、それに対応する費用を計上する」というイメージです。

B/S

商品	20,000

在庫200個分は翌期以降の売上高と対応させるためB/Sへ計上

P/L

売上高	45,000
仕入高	50,000
期末商品棚卸高	▲20,000
売上原価	30,000
売上純利益	15,000

実現主義で認識した収益45,000円（300個）に対応する費用（300個分の仕入高）をP/Lに計上（費用収益対応の原則）

第**6**章 経理業務の一年の集大成～決算書の作成

Advice

費用収益対応の原則

　費用収益対応の原則では、当期の発生費用を「当期の収益」と「翌期以降の収益」に対応する部分に区分することを要請しています。当期の収益との対応形態には、商品などの棚卸資産を媒介とする直接的な対応（個別的対応）と、会計期間を媒介とする間接的な対応（期間的対応）があります。

繰延べ・見越しで用いる経過勘定科目

→経過勘定科目は継続的な役務提供取引で使う科目
→実務上は短期前払費用の特例を利用する場合も多い

決算整理仕訳と経過勘定科目

経理は、損益計算書で適正な期間損益計算を行うために、費用収益対応の原則に基づくさまざまな決算整理仕訳を行っています。このうち「契約に基づく継続的な役務（＝サービス）提供」取引において、費用収益対応の原則を適用するための決算整理仕訳で用いる勘定科目のことを「経過勘定科目」といいます。経過勘定科目には、翌期へ繰延べる仕訳で用いる「前払費用」「前受収益」と、当期に見越し計上する仕訳で用いる「未払費用」「未収収益」の4つがあります。

なお、「契約に基づく継続的な役務提供」の具体例としては、不動産を賃借する際の家賃、生命保険や損害保険の保険料、お金を貸し借りした際の利息などがあります。経過勘定科目を用いた決算整理仕訳は4パターンあります（右ページ以降参照）。また「契約に基づく継続的な役務提供」取引以外の見越し・繰延べは「前払金」「前受金」「未払金」「未収入金」を使用します。

経過勘定科目のうち前払費用については、税務上の特例として「短期前払費用」（法人税基本通達 2-2-14）という特例があります。これは「支払った日から1年以内に提供を受ける役務に係る前払費用の額」を「支払った会計期間で費用計上する処理を継続している」場合には、本来は翌期分として前払費用に計上すべき金額を当期で費用計上できる、という特例です。例えば、決算月に支払った翌月分の地代家賃を前払費用に振り替えず、そのまま費用計上する場合などが該当し、金額的重要性が低い取引の場合には実務でよく使われている特例です。

前払金・前渡金： どちらも継続的役務提供以外の前払取引で使う科目。どちらを使うか（または両方とも使うか）は会社ごとにルールを決めて運用している。
キーワード

経過勘定科目の例（繰延べに使用する科目）

①前払費用

営業車の自動車保険料1年分（12,000円）を支払った際に「保険料」として仕訳したが、このうち10,000円は翌期間対応分である

保険料支払い時の仕訳

借方			貸方			
科目	金額	消費税区分	科目	金額	消費税区分	摘要
保険料	12,000	非課税仕入	普通預金	12,000	対象外	自動車保険1年分

決算整理仕訳

借方			貸方			
科目	金額	消費税区分	科目	金額	消費税区分	摘要
前払費用	10,000	対象外	保険料	10,000	非課税仕入	自動車保険1年分のうち翌期対応分

支払済みの保険料のうち、適正な期間損益計算の観点から翌期に費用計上すべきものを前払費用という借方科目に計上して繰延べている

②前受収益

不動産賃貸業を営む当社（3月決算）は、決算月に賃借人から翌月分の店舗家賃110,000円を受け取った

家賃受取時の仕訳

借方			貸方			
科目	金額	消費税区分	科目	金額	消費税区分	摘要
普通預金	110,000	対象外	売上高	110,000	課税売上	○○家賃4月分

決算整理仕訳

借方			貸方			
科目	金額	消費税区分	科目	金額	消費税区分	摘要
売上高	110,000	課税売上	前受収益	110,000	対象外	○○家賃4月分

入金された家賃収入のうち、適正な期間損益計算の観点から翌期に収益計上すべきものを前受収益という貸方科目に計上して繰延べている

経過勘定科目の例（見越しに使用する科目）

①未払費用

借入金に関する利息のうち、まだ支払っていない当期分11,865円を未払計上する

決算整理仕訳

借方			貸方			
科目	金額	消費税区分	科目	金額	消費税区分	摘要
支払利息	11,865	非課税仕入	未払費用	11,865	対象外	借入金利息 当期分

> 決算日までに提供を受けた役務の対価（＝利息）の
> うち支払っていない金額について、適正な期間損
> 益計算の観点から当期に費用計上すべきものを、未
> 払費用を相手科目にして見越し計上している

②未収収益

不動産賃貸を営む自社（3月決算）は、賃借人が滞納している3月分店舗家賃110,000円
を未収計上する

決算整理仕訳

借方			貸方			
科目	金額	消費税区分	科目	金額	消費税区分	摘要
未収収益	110,000	対象外	売上高	110,000	課税売上	○○家賃　3月分

> 決算日までに提供した役務の対価（＝家賃）の
> うち、まだ入金されていない金額について、適
> 正な期間損益計算の観点から当期に収益計上す
> べきものを、未収収益を相手科目にして見越し
> 計上している

Advice

経過勘定科目を振戻仕訳するタイミング

　簿記検定対策講座では、経過勘定科目は翌期首に振り戻すよう学びます。しか
し実務で月次決算書を作成する前提で考えた場合、翌期首で振り戻すと翌期1カ
月目と翌期12カ月目の月次決算書が、その月の実態を表さなくなる場合があり
ます。したがって月次決算で毎回経過勘定科目を使った見越しや、繰延べの仕訳
をしない中小企業などの場合は、年次決算で計上した経過勘定科目の振戻仕訳は
翌期の決算日で行うとよいでしょう。

棚卸資産の評価方法と実地棚卸

➡ 棚卸資産は期末在庫金額の計算が重要になる
➡ 採用した評価方法は税務署へ届出を行ったほうがよい

期末在庫の計算方法

　商品や製品などの棚卸資産については、費用収益対応の原則に基づき、「売上高に計上した金額に対応する仕入金額＝売上原価」をP.220の算式で求めて計上します。この算式のうち、期首在庫の金額は前期の期末在庫の金額を意味するので前期の決算書を見ればわかります。また、当期仕入は当期に発生主義に基づき計上した仕入高の金額です。期末在庫の金額についてもP.220の算式で求めた金額を用います。期末在庫の金額を計算する際の「会社が採用した評価方法」には原価法と低価法の2種類があります。**原価法とは期末在庫の単価を「個別法」「先入先出法」「総平均法」「移動平均法」「最終仕入原価法」「売価還元法」のいずれかの方法で求めます。**一方、低価法とは期末在庫の時価が原価法で計算した金額を下回っている場合にその時価で評価する方法です。会社が採用した評価方法を法人税の計算に使用する場合、所定の期限までに税務署へ届け出る必要があります。

　届出をしないと法人税法上は「最終仕入原価法による原価法」を採用していることになり、会計上他の評価方法で計算し、申告調整もしていないと税務調査で問題になる場合があります。期末在庫の金額を計算する際の「期末在庫の個数」については、実地棚卸を行い把握します。実地棚卸で把握した個数が帳簿上で管理する個数を下回る場合は、実地棚卸の個数を用いて売上原価の計算を行います。また、災害による著しい損傷や、新製品発売による著しい陳腐化などで時価が帳簿価格より低下した場合は商品評価損を計上できます。

キーワード

申告調整：法人税の申告書において、会計上で採用した方法で計算した結果を、法人税法上認められる方法による結果に修正することを申告調整という。

売上原価を求める算式

期首商品在庫+当期商品仕入−期末商品在庫=売上原価

例 期首商品在庫1,000円、当期商品仕入5,000円、期末商品在庫1,500円の場合

1,000円+5,000円−1,500円=4,500円

売上原価を損益計算書に表示するための仕訳

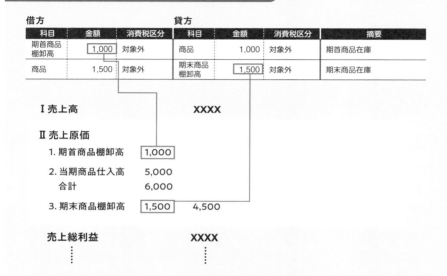

借方			貸方			
科目	金額	消費税区分	科目	金額	消費税区分	摘要
期首商品棚卸高	1,000	対象外	商品	1,000	対象外	期首商品在庫
商品	1,500	対象外	期末商品棚卸高	1,500	対象外	期末商品在庫

Ⅰ 売上高　　　　　　　　　XXXX

Ⅱ 売上原価

　1. 期首商品棚卸高　1,000

　2. 当期商品仕入高　5,000
　　　合計　　　　　　6,000

　3. 期末商品棚卸高　1,500　　4,500

　売上総利益　　　　　　**XXXX**

期末在庫金額を求める算式

会社が採用した評価方法に基づく期末在庫の単価×期末在庫の個数=期末在庫の金額

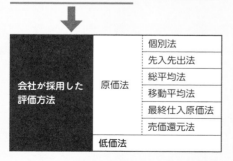

会社が採用した評価方法	原価法	個別法
		先入先出法
		総平均法
		移動平均法
		最終仕入原価法
		売価還元法
	低価法	

法人税の計算上も同じ評価方法を使いたい場合は、採用した評価方法を税務署へ届け出る必要があります。ただし、会計上「最終仕入原価法による原価法」を使う場合は届出不要です。

220

減価償却費の計算と耐用年数の検討

➡ 実務ではソフトに減価償却費を計算させることが一般的
➡ 実務上は耐用年数の検討に時間をかけるべき

経理実務における減価償却手続き

償却資産（P.144参照）については「減価償却」という手続きを通して固定資産の取得価額を複数の期間に分割して費用計上します。実務上は、減価償却の手続きを行うのは、少額減価償却資産の特例（P.146参照）の適用を受けない償却資産です。減価償却の手続きを行うために経理で把握する情報は4つあります。

1つ目は「取得価額」です。取得価額にはその資産の購入代価とその資産を事業の用に供するために直接要した費用が含まれます。また引取運賃、購入手数料、関税など、その資産の購入に要した費用も含まれます。ただし、自動車を購入した際に課される自動車取得税など、一部の費用については取得価額に含めず、費用処理することも認められています。2つ目は「耐用年数」です。実務上は税法で用いられる「減価償却費の耐用年数等に関する省令」に当てはめて、耐用年数を決めます。3つ目は「償却方法」です。ほとんどの償却資産は定額法か定率法で計算しますが、どちらを採用するかは税法の法定償却方法に従うことが多いでしょう。4つ目は「事業供用日」です。減価償却の計算は事業で使い始めた日から計算を開始するためです。

実務では「取得価額」「耐用年数」「償却方法」「事業供用日」の情報を市販の固定資産管理ソフトへ登録し、減価償却費の金額はソフトに自動計算させます。簿記検定では償却方法を覚えることが重要ですが、実務では耐用年数について税務調査で争いになることが多いため耐用年数の検討に時間をかけるべきでしょう。

豆知識 稼働を休止して今は事業供用していない場合でも、必要な維持補修が行われておりいつでも稼働できる状態にあるものは減価償却を行うことができる。

購入した場合

取得価額	購入先に支払った代金
	引取運賃、荷役費、運送保険料、関税、購入手数料その他購入のために要した費用
	事業の用に供するために直接要した費用の額

自社で建設、製作、製造した場合

取得価額	原価	原材料費
		労務費
		経費
	事業の用に供するために直接要した費用の額	

耐用年数

例 事務作業用に購入した新品のパソコンの耐用年数

「減価償却費の耐用年数等に関する省令」
➡ 別表第一 「機械及び装置以外の有形減価償却資産の耐用年数表」
➡ 「種類」 が 「器具及び備品」 の部分から当てはまるものを探す

種類	構造または用途	細目	耐用年数
器具及び備品	事務機器及び通信機器	謄写機器及びタイプライター	
		孔版印刷または印書業用のもの	3
		その他のもの	5
		電子計算機	
		パーソナルコンピュータ（サーバー用のものを除く）	4
		その他のもの	5
		複写機、計算機（電子計算機を除く）、金銭登録機、タイムレコーダーその他これらに類するもの	5
		その他の事務機器	5
		テレタイプライター及びファクシミリ	5
		インターホーン及び放送用設備	6
		電話設備その他の通信機器	
		デジタル構内交換設備及びデジタルボタン電話設備	6
		その他のもの	10

耐用年数4年を使用する

償却方法

過去に取得した資産で現在も償却が続いている資産（＝耐用年数が長い建物など）は、引き続き取得時期に採用されていた償却方法で減価償却費を計算している

新たに取得した償却資産については、この部分に当てはめて減価償却費を計算する

資産区分	資産の取得時期				
	平成10年 3月31日以前	平成10年 4月1日以後	平成19年 4月1日以後	平成24年 4月1日以後	平成28年 4月1日以後
建物	旧定額法 または 旧定率法	旧定額法	定額法		
建物附属設備	旧定額法または旧定率法		定額法 または 250% 定率法	定額法 または 200% 定率法	定額法
構築物					
機械装置					定額法 または 200% 定率法
工具器具備品					
車両運搬具					
船舶等					

250%定率法や200%定率法とは、定額法の償却率に250%または200%の割合を乗じた償却率を使用する定率法

定額法と定率法のいずれかを選択できる資産区分について、選択した償却方法を税務署へ届出をしていない場合は、法定償却方法である「定率法」を選択したとみなされます。

Advice

法定耐用年数と中古資産

「減価償却資産の耐用年数等に関する省令」の別表第一以降では資産の種類に応じた耐用年数が定められており、これらを「法定耐用年数」といいます。新品の減価償却資産は法定耐用年数を用いて減価償却を行いますが、中古資産の場合は、同省令第3条に基づいて計算した年数で減価償却を行うことができます。

引当金の計上要件と実務上の取り扱い

POINT
- ➡4つの要件を満たす場合に引当金を繰り入れる
- ➡引当金繰入は原則として税務会計上の費用にはならない

制度会計における引当金の取扱い

引当金とは、①将来の特定の費用または損失である、②その発生が当期以前の事象に起因している、③発生の可能性が高い、④金額を合理的に見積もることができる、という4つの要件を満たす場合に、**当期の負担に属する金額を当期の費用または損失として引当金に繰入れ、当該引当金の残高を貸借対照表の負債の部、または資産の部へ記載**します（企業会計原則・注解18）。引当金は評価性引当金と負債性引当金に大別されます（右ページ参照）。

引当金は金融商品取引法監査を受ける上場企業とその関係会社の決算書では多く計上される傾向があります。投資家（≒株主）保護を目的とする金融商品取引法では、**将来発生する可能性が高い費用は、できるだけ引当金として計上し早めに投資家に情報開示することを会社へ要請**しているためです。

一方で、引当金は確定債務（＝将来支払うことが確定している債務）ではなく、あくまでも支払う「可能性が高い」ものを「見積もって」計上するものです。つまり引当金繰入として費用計上した金額を実際には支出しない可能性が残っており、計上金額も会社の裁量で決められます。したがって**「課税の公平」を目的とする税務会計（≒法人税法）においては、一部の例外を除いて引当金繰入を税務上の費用として認めていません**。そのため実務においては、法律で監査が義務付けられておらず税務会計を重視した決算を行う中小企業の決算書にはあまり計上されない傾向があります。

豆知識　上場企業とその関係会社では投資家保護の目的から多くの引当金が繰入れられるが、そのほとんどは税務上の費用にならないため申告調整の対象になる。

引当金の種類

引当金	評価性引当金		貸倒引当金
	負債性引当金	債務引当金 （条件付債務）	売上割戻引当金
			返品調整引当金
			製品保証引当金
			工事補償引当金
			賞与引当金
			退職給付引当金
		非債務引当金 （将来の支出に 備えるため）	修繕引当金
			特別修繕引当金
			債務保証損失引当金
			損害補償損失引当金

> 監査法人の監査を受ける上場企業とその関係会社の場合は、このほかにも会社独自の引当金を計上する場合があります。

> 退職給付引当金は、「退職給付に関する会計基準（企業会計基準第26号）」に従って処理を行う

代表的な引当金の処理

賞与引当金の場合

支給額確定の有無		決算整理仕訳の例
支給額が確定している 場合の未払従業員賞与	支給額が支給対象期間に 対応して算定されている場合	賞与／未払費用
	支給額が支給対象期間以外の 基準（成功報酬など）で 算定されている場合	賞与／未払金
支給額が確定していない場合の未払従業員賞与		賞与引当金繰入／賞与引当金

修繕引当金の場合

例 当期に台風により工場建屋の屋根が一部破損した。

社内の決裁権限規程に従って翌期に修理を行うことを決裁し、
修理業者から見積書を入手したが、決算日時点でまだ発注はしていない。

➡発注をしていない＝契約はまだのため確定債務ではないが、翌期に契約して修理を行う可能性が高い

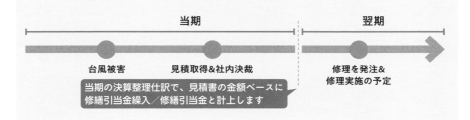

法人税の計算構造と計算の流れ

POINT

➡法人税額は所得金額×税率で求める
➡別表四で利益を所得金額へ変換している

法人税はどのように計算されているか?

　法人税は会社のもうけに対して法人税率を乗じて計算します。もうけと聞くと損益計算書の「利益」をイメージする人が多いと思いますが、法人税率を乗じるもうけは損益計算書の「利益」とは概念が異なり、法人税法のルール上認められる収益（正式には益金）から費用（正式には損金）を差し引いて求める「所得」というもうけに対して税率を乗じます（右ページ参照）。「利益」と「所得」の計算結果に違いが生じる理由は、計算のもとになる収益と益金、費用と損金の範囲に違いがあるためです。ただし、大部分は同じ範囲を意味しているので、税法ルールで損益計算書を作り直すのではなく、**会計ルールで作成した損益計算書の当期純利益に、収益と益金の差異部分と、費用と損金の差異部分を調整（＝申告調整）することで所得を計算します。**具体的には、法人税申告書類の中の「別表四」という書類を使って計算を行います。まず別表四の一番上「当期利益又は当期欠損の額」欄に損益計算書で計算した当期純利益（ただしこの時点では法人税の決算整理仕訳前の金額）を転記します。そして別表四の中で申告調整を行うと一番下「所得金額又は欠損金額」欄に所得金額が計算されるので、この金額を法人税申告書類の「別表一」へ転記し、そこで税率を乗じて法人税額を求めます。求めた法人税額で決算整理仕訳を行うと当期純利益が変わります。そこで法人税の決算整理仕訳後の当期純利益と別表四のスタートの金額を合わせ、最後の申告調整（損金経理をした納税充当金）を行って申告書が完成します。

キーワード　**税効果会計**：税法ルールで計算してP/L計上した法人税等の金額と、会計ルールに基づく税引前当期純利益とを整合させるための手続き。

法人税の計算構造

法人税額＝もうけ×法人税率

もうけ
- 会計…収益－費用＝利益
- 法人税…益金－損金＝所得

範囲はほとんど同じですが、一部に違いがあるため利益と所得の金額にも違いが生じます。

利益から所得への計算方法

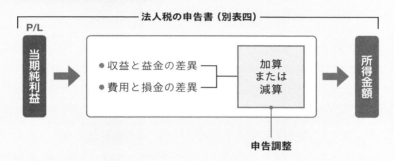

───── 法人税の申告書（別表四）─────

P/L

当期純利益 →
- 収益と益金の差異
- 費用と損金の差異
→ 加算または減算 → 所得金額

申告調整

法人税計算の流れ

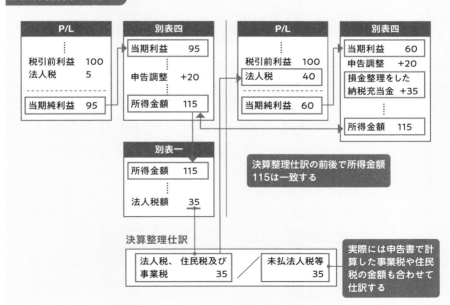

P/L	
税引前利益	100
法人税	5
当期純利益	95

別表四	
当期利益	95
申告調整	+20
所得金額	115

P/L	
税引前利益	100
法人税	40
当期純利益	60

別表四	
当期利益	60
申告調整	+20
損金整理をした納税充当金	+35
所得金額	115

別表一	
所得金額	115
法人税額	35

決算整理仕訳の前後で所得金額115は一致する

決算整理仕訳

法人税、住民税及び事業税	35	未払法人税等	35

実際には申告書で計算した事業税や住民税の金額も合わせて仕訳する

決算作業で作成する
税務申告書と決算整理仕訳

➡作業前に税金以外の決算整理仕訳をすべて入力する
➡作成した税務申告書の内容に基づき決算整理仕訳を行う

決算作業における税務申告書作成の流れ

　会社が納める税金のうち申告納税方式の税金（P.104参照）については、決算作業の終盤で実際に申告書を作成して納付税額を計算し、それをもとに決算整理仕訳を行います。

　具体的には、まず決算整理仕訳のうち税金に関するもの以外を、すべて会計ソフトへ入力します。入力が終わったら会計ソフトの消費税課税区分集計機能や、消費税申告書作成機能を利用して消費税申告書を作成します。完成した消費税申告書の内容をチェックし、間違いがなければ申告書で計算した納税額をもとに、消費税の決算整理仕訳を行います。**事業所税の申告義務がある会社はこの段階で事業所税の申告書も作成**します。事業所税についても、申告書で計算した納税額をもとに決算整理仕訳を行います。

　消費税や事業所税の決算整理仕訳を行ったら、法人税、地方法人税、法人事業税、特別法人事業税、法人住民税の申告書作成にとりかかります。実務上は法人税申告書作成ソフトを使います。**ソフトを使って法人税申告書を作成すると、それに連動して地方法人税、法人事業税、特別法人事業税、法人住民税の申告書も作成され、納税額が算出されます。**

　あとはその金額で決算整理仕訳を行います。法人税などの決算整理仕訳を行ったあとの当期純利益を別表四へ記載し、納税充当金の申告調整を最後に追加して、法人税の申告書を完成させます（P.226参照）。

豆知識　支店や店舗などが複数の都道府県や市町村に存在する会社は、従業者の数と事業所等の数で課税標準額の総額を按分してから事業税や住民税の税額を計算する。

税金に関する決算作業の流れ

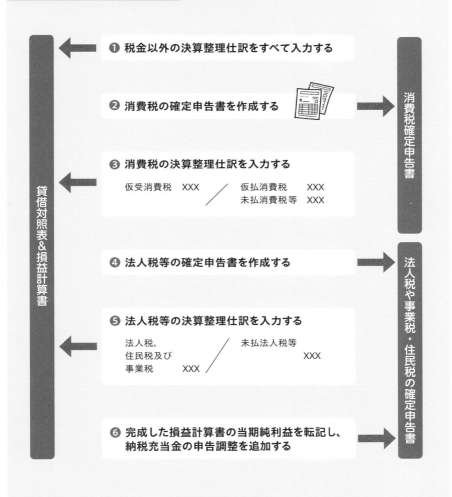

❶ 税金以外の決算整理仕訳をすべて入力する

❷ 消費税の確定申告書を作成する

❸ 消費税の決算整理仕訳を入力する

| 仮受消費税　XXX | / | 仮払消費税　　XXX
未払消費税等　XXX |

❹ 法人税等の確定申告書を作成する

❺ 法人税等の決算整理仕訳を入力する

| 法人税、
住民税及び
事業税　　XXX | / | 未払法人税等

　　　　　　XXX |

❻ 完成した損益計算書の当期純利益を転記し、納税充当金の申告調整を追加する

（左側）貸借対照表＆損益計算書

（右側）消費税確定申告書

法人税や事業税・住民税の確定申告書

第**6**章　経理業務の一年の集大成〜決算書の作成

Q&A

Q. 中小企業でも税効果会計を行うべき？

A. 税効果会計とはP/Lの税引前当期純利益と法人税等を合理的に対応させるための手続きであり、上場企業などでは適用が義務付けられています。一方で「繰延税金資産の回収可能性の判断」など複雑な手続きを伴うため人的リソースが不足しがちな中小企業では適用していない場合が多いでしょう。

貸倒損失の処理と貸倒引当金を計上する際の注意点

➡ 貸倒損失は法人税基本通達に従って処理する場合が多い
➡ 貸倒引当金の実務は上場企業と中小企業で注意点が違う

貸倒損失の実務

現代の商取引においては、商品やサービスを先に提供し、代金は後で支払ってもらう信用取引が多く行われています。**信用取引で商品を販売した場合には、実現主義に基づき売掛金が資産に計上**されます。計上された売掛金は後日得意先から支払われますが、得意先の倒産などを理由として取立不能になる場合があります。この場合、売掛金を「貸倒損失」へ振り替えます。

貸倒損失へ振り替える金額と時期については、法人税の損金として認めてもらうために、実務上は法人税基本通達9-6-1、9-6-2、9-6-3のいずれか（右ページ参照）に従って決めることが一般的です。

貸倒引当金を計上する際の注意点

貸倒損失を計上する事実がまだ発生していない場合でも、取立不能のおそれがある場合には貸倒引当金を計上することがあります。実は**法人税の計算上、貸倒引当金の繰入額は資本金1億円以下の中小企業など一部の会社でしか損金として認められません。**したがって実務における貸倒引当金の取り扱いは、法律で定められた監査を受ける上場企業及びその関係会社と、それ以外の一般の中小企業で注意点が異なります。前者は「金融商品に関する会計基準」の規定に従って貸倒引当金を計上することが多く、後者は「法人税法」の規定に従って貸倒引当金を計上する場合が多くなります。

法人税基本通達：法人税法の解釈等に関して国税庁長官が国税職員向けに発令する命令。法律ではないが実務上は通達を根拠とする処理も多く行われている。

法人税基本通達における貸倒損失

区分	事実等	貸倒損失の金額	計上時期
法律上の貸倒れ （法人税基本通達9-6-1）	債権の全部または一部が法的手続きにより切り捨てられた場合	切り捨てられる金額	その事実が発生した日を含む事業年度
	一定の条件を満たした上で、書面による債務免除をした場合	債務免除を通知した金額	
事実上の貸倒れ （法人税基本通達9-6-2）	担保処分後で、相手の資産状況、支払能力等からみて全額が回収できないことが明らかとなった場合	金銭債権の全額	回収できないことが明らかになった事業年度
形式上の貸倒れ（※） （法人税基本通達9-6-3）	相手との取引停止後1年以上経過した場合（担保物のない場合に限る）	売掛債権の額から備忘価額（通常は1円）を控除した金額	取引停止後1年以上経過した日以後の事業年度
	同一地域の売掛債権の総額が取立費用に満たない場合において督促しても弁済がないこと		弁済がないとき以後の事業年度

※9-6-3は継続的に取引を行っていた相手に対する売掛債権に限り適用できます（貸付金の貸倒れ、不動産取引のようにたまたま取引を行った相手に対する債権の貸倒れなどには適用できません）。

上記の区分のうち実務において適用しやすいものは、裁判所等からの客観的な資料に基づき計上できる9-6-1の「法的手続きにより切り捨てられた場合」と、事実要件を満たしやすい9-6-3の「取引停止後1年以上経過した場合」です。その他の区分については税務調査で否認されないだけの事実や証拠を充分揃えてから適用をしたほうがよいでしょう。

貸倒引当金に関する規定

金融商品に関する会計基準27、28など

区分	内容
一般債権	経営状態に重大な問題が生じていない債務者に対する債権
貸倒懸念債権	経営破綻の状態には至っていないが、債務の弁済に重大な問題が生じている債務者に対する債権
破産更生債権等	経営破綻または実質的に経営破綻に陥っている債務者に対する債権

法律に基づく監査を受ける上場企業とその関係会社は、監査法人から監査証明を得るために、金融商品に関する会計基準に従って貸倒引当金を計上します。

法人税法第52条など

区分	内容
個別評価金銭債権	更生計画認可の決定等の事由、更生手続開始の申立て等の事実などが生じている債務者に対する債権
一括評価金銭債権	一括評価金銭債権の対象になる金銭債権で、個別評価の対象となった金銭債権以外の債権

中小企業の場合は、貸倒引当金の繰入額が法人税の計算上も損金として認められるように、法人税法の規定に従って計算した金額を貸倒引当金として計上する傾向があります。

Advice

税務調査でも注目される貸倒損失

　貸倒損失は会社が任意の事業年度に費用を計上できるため「貸倒損失で利益を調整し不当に法人税を減らしているのではないか」という疑いのもと、税務調査ではその事業年度に計上した根拠となる書類が要求されます。したがって調査で指摘されても反論できるだけの充分な証拠を保存しておくことが重要です。

株主総会の対応と 税務申告書の提出及び納税

POINT
→経理は株主総会で承認を受ける計算書類等の準備を行う
→株主総会後に税務申告書の提出と納税を行う

決算書を定時株主総会で承認してもらう

　株式会社は事業年度が終了したら定時株主総会を開催し、株主に対して事業報告を行い、決算書について株主の承認を受けなければならないとされています（会社法第438条）。**承認を受ける決算書とは会社法で計算書類と定義されている書類です。**具体的には貸借対照表、損益計算書、株主資本等変動計算書、個別注記表のことを指します。また、定時株主総会では計算書類の承認以外にも、獲得した利益（＝利益剰余金）の使い道（配当など）の決議や、役員報酬についての決議を行います。株主総会に関する業務は総務部門が中心となって進めることが多いため、経理部門は株主に提供する計算書類等を作成したり、決議された内容に従って配当を支払ったりする形で補助的に関わることが多いでしょう。

株主総会後に行う税務申告と納税

　定時株主総会で計算書類の承認を受けたら、その日を法人税申告書の「決算確定の日」へ記載します。そして**申告期限（原則として決算日の翌日から2カ月以内）までに申告書を提出し納税も行います。**国税（法人税や消費税）の申告書は本店所在地として登記された場所を管轄する税務署へ提出し、地方税（法人事業税や法人住民税、事業所税）は本社や支社、工場など会社の施設が所在する場所の県税事務所や市役所などへ提出します。全国に店舗や工場などの施設がある会社の場合は地方税の申告と納税先が100箇所を超える場合もあります。

豆知識　定款等の定め、または特別の事情等により2カ月以内に株主総会を開けない場合は、事前に申請書を提出し申告期限のみ1カ月間延長することができる。

経理が担当する定時株主総会に関する業務例

①計算書類等の作成

計算書類（貸借対照表、損益計算書、株主資本等変動計算書、個別注記表）を作成する

計算書類以外に作成が義務付けられている書類（事業報告書と附属明細書）を経理部門で作成する場合もある

②剰余金の配当決議を踏まえ配当金の出納業務と会計業務を行う

配当金決議日＝株主総会の日

借方			貸方			
科目	金額	消費税区分	科目	金額	消費税区分	摘要
繰越利益剰余金	1,000	対象外	未払配当金	1,000	対象外	第○回定時株主総会 剰余金の配当
繰越利益剰余金	100	対象外	利益準備金	100	対象外	第○回定時株主総会 剰余金の処分

> 繰越利益剰余金を財源として配当を行う場合は、会社法の規定に従い一定金額の利益準備金を積み立てる

配当金支払日

借方			貸方			
科目	金額	消費税区分	科目	金額	消費税区分	摘要
未払配当金	1,000	対象外	普通預金	796	対象外	配当金支払
			預り金 (所得税)	204	対象外	配当金支払　源泉徴収

> 配当金を支払う際には、配当金に一定の率（非上場の会社が配当する場合は20.42%）を乗じて計算した所得税を源泉徴収する

配当金支払日の翌月10日までに

借方			貸方			
科目	金額	消費税区分	科目	金額	消費税区分	摘要
預り金 (所得税)	204	対象外	普通預金	204	対象外	配当金に係る源泉所得税納付

> 配当金を支払う際に源泉徴収した所得税は、原則として配当金支払日の翌月10日までに納税する

③役員報酬の決議内容に従い給与明細を作成する

新しい額面金額に基づく給与明細を作成します

3月決算の場合

会計期間
（事業年度）

1週間～
1.5カ月

4/1   3/31   5/31

取引の記録   決算業務

定時株主総会で
計算書類の承認

● 申告書の提出
● 納税

提出と納税先

国税…税務署

地方税…事務所等所在地の県税事務所、市役所等

以前は税務署へ行って申告書を提出したり、会社控
用の申告書を返信してもらうための封筒と切手を同
封して郵送で提出したりしていましたが、現在は電
子申告（国税はe-Tax、地方税はeLTAX）で提出す
ることが一般的です。

Advice

配当金を支払う際の源泉所得税納付忘れに注意

　配当金を支払う場合、非上場の会社であれば配当金の20.42％を源泉徴収して
残りを株主に支払い、源泉徴収した所得税等は配当金支払の翌月10日までに納
付します。期日までの納付をしなければ最大で10％の不納付加算税が課される
場合があります。配当金の支払業務は年1回のことが多く忘れがちなので注意し
ましょう。

税務調査の流れと調査官からの依頼への対応

➡税務調査には強制調査と任意調査がある
➡顧問税理士には同席してもらったほうがよい

一般的な税務調査への対応方法

　行政機関が税務申告内容について調査を行うことを税務調査といいます。税務調査の中で最も件数が多いのは、税務署が行う国税に関する調査でしょう。なお国税の税務調査には強制調査と任意調査があり、強制調査とは国税局査察部が裁判所の令状をもとに行う調査のことをいいます。**税務署が行う調査は任意調査です。ここでいう「任意」とは書類の閲覧などを強制的に行わないという意味であり、税務調査自体を拒否することはできません。**

　任意調査の流れですが、通常は電話で事前通知があります。そこで日程の調整を行い、後日調査官が来社して、会社に保管されている帳簿書類等をチェックする、という流れが一般的です。先方が提示した日程の都合がつかない場合はこちらの希望日を伝えてかまいません。調査初日の午前中は社長や経理担当役員などの同席を求められることが多いので、事前に日程調整したうえで希望日を回答します。大規模法人でない限り調査日程は2日間の場合が多いです。調査当日に調査官が帳簿書類等を閲覧する部屋として、社内の会話が聞こえない部屋をあらかじめ用意し、指示された書類を運んでおきます。**経理部員は終日調査に立ち会い、調査官からの質問や追加資料の依頼に対応します。**調べなければわからない場合やすぐに資料が提出できない場合は、後日対応する旨を伝えて問題ありません。また、**会社の顧問税理士がいる場合は調査に立ち会ってもらいましょう。**税理士は調査官への反論に慣れており、会社と税務署の間の交渉役にもなれるからです。

重加算税：事実の隠ぺい（売上除外や証拠書類廃棄など）や事実の仮装（架空仕入、架空契約など）に基づいて過少申告している場合に課される加算税。

国税に関する税務調査の種類

種類	担当	特徴
強制調査	国税局査察部	悪質かつ大口の脱税が疑われる場合に行われる。事前に長期間の内偵調査が行われた後、裁判所の令状をもとに関係先へ一斉に踏み込む形で調査が行われる
任意調査	税務署 （大規模法人の場合は国税局）	会社もしくは顧問税理士に事前通知が行われ、日程調整の上で調査が行われる（調査の適正な遂行に支障を及ぼすおそれがあると判断した場合等には事前通知をしない場合もある）

税務調査の流れ

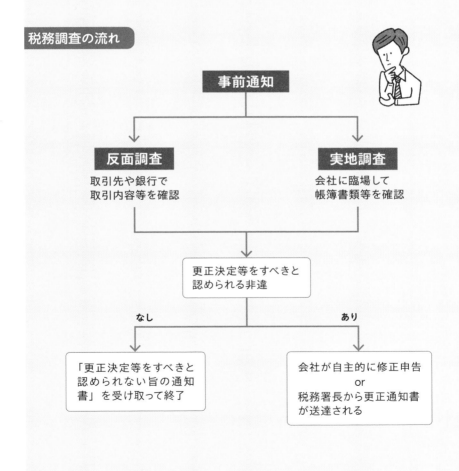

事前通知

反面調査
取引先や銀行で
取引内容等を確認

実地調査
会社に臨場して
帳簿書類等を確認

更正決定等をすべきと
認められる非違

なし

あり

「更正決定等をすべきと
認められない旨の通知
書」を受け取って終了

会社が自主的に修正申告
or
税務署長から更正通知書
が送達される

公認会計士や税理士と経理部の関係

　経理部で働いていると、士業の資格をもつ専門家とやりとりする場面があります。士業には、弁護士、司法書士、公認会計士、税理士、社会保険労務士、行政書士など、いくつか種類がありますが、会社のお金を扱う経理部と関わりが深いのは公認会計士と税理士です。

経理が公認会計士とやりとりする場面

　公認会計士にしかできない独占業務は「監査」です。「監査」とは会社が財務諸表などで公表している情報が実態を正しく表しているかどうかを検証する業務です。監査の結果は「監査証明書」として会社へ提出されます。

　上場会社は金融商品取引法により公認会計士監査が義務付けられているため、上場会社とその子会社は定期的に公認会計士の監査を受けています。したがってこれらの会社の経理部で働いていると、公認会計士とやりとりする場面が頻繁にあります。公認会計士から監査に必要な会計データや書類の提供を要請されるため、それらを準備して提供するとともに、質問があれば対応します。逆に、公認会計士による監査が義務付けられていない会社の場合は、経理が公認会計士とやりとりする場面はほとんどないでしょう。

経理が税理士とやりとりする場面

　税理士にしかできない独占業務は「税務代理」「税務書類の作成」「税務相談」です。会社が自社で法人税や消費税などの税務申告書を作成できない場合は税理士へ依頼することになります。

　人材が豊富な一部の大企業は自社で税務申告書まで作成して提出していますが、日本の会社の多くは年に数回しか行わない税務申告書作成業務は税理士へ外注しています。したがって、会社の規模に関わらず経理部が税理士とやりとりする機会は多くあります。例えば、決算作業の際に資料を提供して税務申告書の作成を依頼したり、税務調査の際に会社の税務代理人として税務署と折衝してもらったり、自社の取引に関する税務上の取り扱いなどの質問をしたりする場面などです。

第7章

これからの経理業務とスキルアップ

第7章では、経理担当者としてさらにレベルアップするために必要なスキルや考え方を解説しています。経理は、経営者と現場の間に立って予算を策定したり、現場と連携して予実管理を行ったりすることが求められます。必要な知識や経営分析手法を身につけ、経営者と現場の橋渡しを担える人材を目指しましょう。

Q&Aでわかる！
これからの経理業務に関する疑問

第7章ではこれからの経理業務とスキルアップについてまとめています。Q&Aで気になる点をチェックしましょう。

Q.1

経理業務のデジタル化が進んでいますが、電子帳簿保存法にはどこまで従う必要があるのでしょうか。

経理部のAさん

A. 電子帳簿保存法は2021年に適用要件が緩和されましたが、自社で作成する会計帳簿や決算関係書類、紙の請求書などは紙での保存が原則です。電子取引情報（最初からデータで受け取ったもの）はデータ保存が原則ですが、中小企業は猶予措置によって従来の保存方法も認められています。

➡ 詳しい内容はP.244をチェック！

Q.2

決算書を使った経営分析の方法を教えてください。

部長のBさん

A. 損益計算書や貸借対照表の数値を使ってさまざまな経営分析の指標を計算できます。経営分析指標は、ほかの計算結果（自社の過去データや業界の平均データなど）と比較することで有効な経営分析が可能になります。

➡ 詳しい内容はP.246・248をチェック！

Q.3

予算の策定に関わることになりましたが、会社の予算はどうやってまとめているのでしょうか。

経理部のCさん

A. 　予算とは会社の目標を数値で表すものです。実務上は、まず目標となる会社全体の売上高や利益金額を経営者が決め、それを達成できるように各部門の売上目標金額や費用上限金額を積み上げます。それらを合計して全社の予算とすることが多いでしょう。予算策定後は定期的に実績数値との比較（予実管理）を行って予算の達成度合いを管理することも重要です。　　　　　➡ **詳しい内容はP.250をチェック！**

経理部のDさん

Q.4

中小企業も上場会社と同じ会計基準に従わなければならないのでしょうか。中小企業の実情に合わせた会計ルールがありますか？

A. 　中小企業も可能であれば上場企業と同じ会計基準に従って処理を行うべきです。しかし上場企業が従う会計基準は何十種類もあり、リソースの限られている中小企業にその適用を強制するのは現実的ではありません。実務上は、中小企業の会計の質の向上が資金調達先の多様化や取引先の拡大等に寄与するという考えから「中小企業の会計に関する指針」や「中小企業の会計に関する基本要領」が制定されており、中小企業はこれらに従って決算書を作成することが推奨されています。

　　　　　　　　　　　➡ **詳しい内容はP.254をチェック！**

システム導入による経理業務の自動化と効率化

POINT

➡ 経理業務は自動化と効率化が常に求められる業務
➡ 新しいシステムの導入に前向きに取り組む姿勢が必要

経理業務フローの変遷

筆者が経理実務に携わるようになったのは2001年頃からですが、当時同僚だった15歳ぐらい年上の先輩が新人のころは「算盤で計算」し「カーボン用紙を提出用と控用の間に挟んで手書きで税務申告書を作成していた」と聞いて驚いた記憶があります。また、2000年代前半から大企業の経理部ではパソコンが1人1台貸与され始めていましたが、中小企業では会計ソフトがダウンロードされたパソコンが職場に1台しかなく、経理部員が交代で入力する、という時代でした。

それから20年以上経ち、経理業務は自動化と効率化が進んでいます。資金力がある上場企業などの場合、「生産管理」「販売管理」「人事給与」など業務別の基幹システムを導入し、各基幹システムで作成したデータを「財務会計」の基幹システムへ流し込んで仕訳を自動作成する、といった業務フローを構築してきました。近年はそこからさらに進んで、**業務別に管理していた基幹システムのデータを一元管理できるERPシステムを導入し、生産や営業などの各現場でERPのアプリへ入力すると、会計帳簿へ仕訳が自動で記録されていく業務フローになっています。**最近は中小企業向けに低コストのERPシステムも開発され、経理業務の自動化はこれからもますます進んでいくことが予想されます。

このように経理業務は常にシステムによる自動化と効率化が進められており、その流れは今後も変わることはないでしょう。そのため経理部門で働く人は新しいシステムの仕組みを理解し、積極的に活用していく意識をもつことが重要です。

キーワード

RPA：Robotic Process Automationの略。業務をソフトウェアロボットで自動化する技術。データの突合せや登録など人間の判断が不要な定型業務で活用。

経理業務の自動化と効率化

1980年代	1990年代前半	1990年代後半	2000年代	2010年代	2020年代

Windows PCが登場

- 手書き
- 算盤、電卓

- オフィスコンピュータへの入力

- パソコンがオフィスに1台から、1人1台の時代へ
- 手書きが減少

- 基幹システムの導入
- インターネットの普及による電子取引の増加
- 人が入力する業務の減少

- ERPシステムの導入

- 電子帳簿保存法の改正
- RPAの活用
- 紙の取り扱いが減少し、少人数で大量の経理業務が可能に

基幹システムとERPシステムの違い

基幹システム

それぞれが独立したデータベースに基づく仕組み

生産管理システム　販売管理システム　人事給与システム

↓

財務会計システム

必要に応じて夜間バッチでデータを流します。

ERPシステム

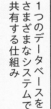

1つのデータベースをさまざまなシステムで共有する仕組み

統合データベース

生産管理システム　販売管理システム　人事給与システム　財務会計システム

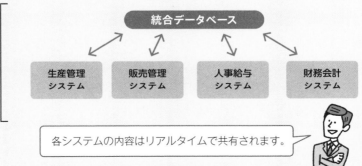

各システムの内容はリアルタイムで共有されます。

経理業務のデジタル化と電子帳簿保存法

➡社会環境の変化に応じて経理業務はデジタル化している
➡電子帳簿保存法の正しい理解が重要になる

◤ デジタル化は社会環境の変化と関連している

　経理業務とは、会社のお金を取り扱う業務です。お金は会社にとって最も大切な資産なので、不正な資金流出を防ぐために支払い時には必ず証拠書類（取引先からの請求書、社員が立て替えた際の領収書など）に基づいて処理を行います。お金を受け取る場合も、粉飾決算の防止や税務調査対応を見越して証拠書類（自社が発行した請求書控えなど）に基づき入金処理を行います。また、**お金が動いた事実は仕訳の形で会計帳簿に記録され、その会計帳簿の内容に基づき決算書類が作成されます**。現代において上記の証拠書類や会計帳簿、決算書類はほとんどの場合、システムを利用してデータで作成されますが、最終的にこれらをわざわざ紙に出力して保存することが実務上行われてきました。なぜなら税法においてこれらの書類を紙で保存することが義務付けられていたからです。

　ところが2020年以降の新型コロナ禍をきっかけにテレワークが普及し始めると、紙の書類を前提とする業務フローを見直す必要が生じました。また**税法においても電子帳簿保存法の改正が進み、会計帳簿、決算書類、取引の証拠書類などをデータのままで保存する要件が緩和され、経理業務のデジタル化が進む社会環境が整ってきています**。最近では年間の取引量が膨大で証拠書類などを紙で保存するためだけに倉庫を借りているような大企業を中心に、新たな電子帳簿保存法に対応したシステムを導入し経理業務のデジタル化が進んでおり、やがてこの流れは中小企業の経理実務にも及ぶと予想されます。

豆知識　電子帳簿保存法のうち電子取引情報のデータ保存は2年間の猶予期間が設けられたのち2024年1月から完全義務化されたが、同時に猶予措置も設けられた。

電子帳簿保存法の概要

No	種類		具体例	保存方法の原則	保存方法の例外
1	帳簿		仕訳帳、現金出納帳、売掛金元帳、固定資産台帳、総勘定元帳など	出力した紙	データ保存
2	書類	決算関係書類	棚卸表、貸借対照表、損益計算書など	出力した紙	データ保存
		自社で発行した控	自社で作成し紙で発行した注文書、請求書、契約書、領収書など	出力した紙	データ保存
3		受領したもの	自社が紙で受け取った注文書、請求書、契約書、領収書など	受け取った紙	スキャナ保存
4	電子取引情報		注文書、請求書、契約書、領収書、送り状、見積書などをデータで発行または受領する場合の情報（EDI取引、インターネットによる取引、電子メールで取引情報を授受する取引など）	データ保存	猶予措置の対象となる会社であれば例外措置あり

電子取引情報のデータ保存の要件
❶可視性の確保
● モニター、操作説明書の備付け
● 検索要件の充足
❷真実性の確保
● 不当な訂正削除の防止に関する
事務処理規程を制定し遵守する

人手不足、資金不足、システム整備が間に合わないなどで、猶予措置の対象となる会社は、税務調査の際に下記の場合には、猶予措置の適応を受けられる。
❶電子取引データをデータのまま保存しておく（この場合「可視性の確保」「真実性の確保」は不要）
❷電子取引データをプリントアウトした書面の提示、提出に応じることができる
※税務署への事前申請は不要

便宜的に、No1〜4に分けて理解していくとよいでしょう。

電子帳簿保存法の現実的な対応

大企業	年間の取引量が多く、書類を紙で保存するコストが膨大＆電子帳簿保存法に対応する資金と人材がある ➡電子帳簿保存法のすべて（No1〜4）に対応し、データ保存＆スキャナ保存へ移行する
中小企業	これまでどおり紙で保存しておけばひとまず税務上の保存要件は満たす ➡会社ごとの事情に応じてできるところから対応していく

電子帳簿保存法についてはすべて対応するのではなく、自社の規模に見合った対応で大丈夫です。

決算書を使った経営分析

POINT
➡ 決算書からは経営分析指標を求めることができる
➡ 経営分析指標はさまざまな切り口で比較することが重要

◢ 経営分析では比較することが重要

　決算で作成する貸借対照表や損益計算書などの決算書は、もともとは制度会計のルールに従って株主や銀行、税務署などへ報告するために作成されていますが、この決算書を使って自社の実態や問題点を把握するための経営分析を行うことができます。決算書を使った経営分析を行う際には、**その年度のデータを分析するだけではあまり意味がなく、他のデータと比較することによって有効な分析を行うことができます**。例えば「自社の過去のデータとの比較」を行うことで、会社が成長しているかがわかりますし、「競合他社のデータとの比較」を行うことで、ライバル会社と比べて自社が優れている点や劣っている点がわかります。また、「業界平均のデータ」がある場合には、それと比較することで業界内の自社の位置づけがわかります。

◢ 経営分析指標の例

　決算書を使った経営分析で用いる指標のうち、代表的なものは「収益性の指標」「生産性の指標」「安全性の指標」の3種類に分類できます。「収益性の指標」は会社の稼ぐ力を表す指標で、「生産性の指標」はいかに効率的に稼いでいるかを表す指標です。そして「安全性の指標」は財務の安全性を表す指標です。**これら3種類以外にも決算書の数値を使った分析指標はいくつも存在するので、自社の業態や規模に見合った指標を選んで比較分析するとよいでしょう**。

豆知識 宿泊業の「1客室当たり売上高」や、建設業の「未成工事支出金回転期間」など特定の業態向けの経営分析指標もある。

経営分析の比較対象

比較対象	具体例
自社の過去のデータと比較	過去2～5期分の決算書から求めた経営分析指標と当期の分析指標を比較する
競合他社のデータとの比較	上場企業の場合は公表されている「有価証券報告書」などから、経営分析指標を計算して自社と比較できる。非上場企業の場合は調査会社のデータなどを活用する方法が考えられる
業界平均のデータとの比較	中小企業向けの統計データが公表されているので活用する ● 独立行政法人中小企業基盤整備機構の「経営自己診断システム」 　https://k-sindan.smrj.go.jp/ ● 日本政策金融公庫の「小企業の経営指標調査」 　https://www.jfc.go.jp/n/findings/shihyou_kekka_m_index.html

自社の業態や規模に見合った経営分析指標を選んで比較するとよいでしょう。

経営分析指標の例

収益性の指標の例

名称	算式	単位	良否
総資本経常利益率	(経常利益÷資産合計)×100	％	高いほうが良い
自己資本経常利益率	(経常利益÷自己資本)×100	％	高いほうが良い
売上高総利益率	(売上総利益÷売上高)×100	％	高いほうが良い
売上高営業利益率	(営業利益÷売上高)×100	％	高いほうが良い
売上高経常利益率	(経常利益÷売上高)×100	％	高いほうが良い
総資本回転率	売上高÷資産合計	回	多いほうが良い
売上債権回転日数	(受取手形+売掛金+割引手形)÷(売上高÷365)	日	少ないほうが良い
棚卸資産回転日数	棚卸資産÷(売上高÷365)	日	少ないほうが良い

生産性の指標の例

名称	算式	単位	良否
従業員1人当たり売上高	売上高÷期末従業員数	円	多いほうが良い
従業員1人当たり有形固定資産額	有形固定資産合計÷期末従業員数	円	多いほうが良い
従業員1人当たり経常利益	経常利益÷期末従業員数	円	多いほうが良い

安全性の指標の例

名称	算式	単位	良否
自己資本比率	(純資産合計÷資産合計)×100	％	高いほうが良い
流動比率	(流動資産合計÷流動負債合計)×100	％	高いほうが良い
当座比率	((現金預金+受取手形+売掛金)÷流動負債))×100	％	高いほうが良い
固定長期適合率	固定資産合計÷(固定負債合計+純資産合計)×100	％	低いほうが良い
借入金月商倍率	(短期借入金+長期借入金・社債)÷(売上高÷12)	カ月	少ないほうが良い

変動損益計算書を使った 経営分析と損益分岐点

➡ 変動費と固定費の違いを理解する
➡ 変動損益計算書を作成すると損益分岐点がわかる

▧ 変動損益計算書から損益分岐点を把握する

損益計算書は、制度会計（会社法会計や金融商品取引法会計）においては法令で定められているとおりに区分表示する必要があります。

一方、損益計算書を使って自社の経営課題を分析する方法のひとつとして、費用を「変動費」と「固定費」に分類して変動損益計算書を作成する方法があります。

「変動費」とは「売上高の増減に比例する費用」です。製造業における材料費や外注加工費、商品販売業における売上原価などです。販売費及び一般管理費に表示される科目（荷造運賃、販売手数料、広告宣伝費など）の中にも、売上高と比例して増減するものがあれば、変動費として抜き出して集計します。

「固定費」とは変動費以外の費用で、売上高の増減とは関係なく発生する費用です。例えば給料手当や地代家賃、減価償却費などです。

制度会計のルールで区分表示した損益計算書を変動費と固定費に分けて並び替えたものを変動損益計算書といい、変動損益計算書において売上高から変動費を差引いた利益を「限界利益」といいます。**限界利益と固定費の金額が一致する点が損益分岐点です。**つまり固定費の発生を限界利益以下に抑えて経営をしないと、会社は赤字になります。変動損益計算書を作成して経常利益がマイナスになった場合は、「固定費を削減する」「売上高を増やす」経営を行う必要があります。「売上をどこまで増やせばよいか」の目安＝損益分岐点売上高は、（固定費－営業外収益＋営業外費用）÷限界利益率で簡単に求めることができます。

豆知識　変動費と固定費の分類（固変分解）は業種によっていろいろな考え方があるので、自社の業種に合う方法で分類して変動計算書を作成すればよい。

制度会計の損益計算書から変動損益計算書への組み替え例

（単位：千円）

損益計算書		
勘定科目	金額	
売上高	58,000	
期首製品棚卸高	0	
当期製品製造原価	43,830	
期末製品棚卸高	0	
製品売上原価	43,830	
【売上総利益】	14,170	
役員報酬	7,909	固定
給料手当	2,600	固定
法定福利費	1,000	固定
福利厚生費	80	固定
荷造運賃	180	変動
広告宣伝費	1,200	固定
旅費交通費	1,650	固定
通信費	450	固定
消耗品費	480	固定
水道光熱費	720	固定
諸会費	380	固定
車両費	1,190	固定
保険料	170	固定
地代家賃	2,900	固定
租税公課	160	固定
雑費	2,200	固定
販売費及び一般管理費計	23,269	
【営業利益】	−9,099	
受取利息	3	
支払利息	700	
【経常利益】	−9,796	

（単位：千円）

製造原価報告書		
勘定科目	金額	
期首材料棚卸高	5,202	
材料仕入高	30,200	
期末材料棚卸高	5,000	
材料費計	30,402	変動
【労務費】		
給料手当	8,700	固定
法定福利費	820	固定
福利厚生費	60	固定
労務費計	9,580	固定
【経費】		
外注加工費	2,300	変動
減価償却費	1,650	固定
製造経費計	3,950	
当期総製造原価	43,932	
期首仕掛品棚卸高	5,198	変動
合計	49,130	
期末仕掛品棚卸高	5,300	変動
当期製品製造原価	43,830	

（単位：千円）

変動損益計算書	
勘定科目	金額
1.売上高	58,000
2.変動費合計	32,780
材料費	30,402
外注工賃	2,300
その他製造変動費	0
その他販売変動費	180
仕掛品増減	−102
【限界利益】（1.−2.）	25,220
3.固定費合計（営業外以外）	34,319
労務費	9,580
販売人件費	11,589
製造固定費	0
販売固定費	11,500
製造減価償却費	1,650
販売減価償却費	0
【営業利益】	−9,099
4.営業外収益	3
5.営業外費用	700
【経常利益】	−9,796
限界利益率＝限界利益÷売上高	43.5%
損益分岐点売上高＝ （固定費−営業外収益＋ 営業外費用）÷限界利益率	80,497

経常利益がマイナス9,796千円
これを解消するためには、
①固定費をあと9,796千円減らす
②売上高を損益分岐点売上高まで
増やす
の両方を行う必要があります。
②についてより具体的には、販売
数の増加、販売単価の値上げなど
の方策が考えられます。また、①
の固定費の見直しを行うことで損
益分岐点売上高も下がります。

会社の数値目標と予算の策定

POINT
➡ 会社の目標を数値化したものが予算
➡ 経営者と現場の間に立ち、予算をまとめるのが経理の役割

予算とは会社の目標を数値化したもの

　会社とは、出資者から集めたお金を元手に商売を行い、集めたお金を増やすことを目的とする組織です。そのためには「この1年間でどれだけお金を増やすのか」という具体的な数値目標を定めることが有効です。このように会社の目標を数値化することを「予算の策定」といいます。

　会社の予算にはさまざまな種類がありますが、一般的には売上高や売上原価、経費から利益目標を設定する損益予算を作成する会社が多いでしょう。また、損益予算を達成するために必要な資金繰りについても予算を作成する場合があり、これを財務予算といいます。

具体的な予算策定の流れ

　予算をどう策定するかについては、会社ごとにさまざまな方法があります。大きく分けて、各部門が策定した予算を合算して会社全体の予算とする「積上型」と、経営者が定めた会社全体の予算を各部門に割り振る「割当型」がありますが、実務上は経営者が定めた予算目標になるように、各部門が過去の実績などをもとに予算を策定する「積上型」と「割当型」をあわせたような「折衷型」で予算策定を行う会社が多いでしょう。予算策定における経理部門の役割としては、経営者と各部門の間に立って両者の橋渡しや調整を行いつつ、最終的な会社としての予算案をまとめることが求められています。

キーワード　**KPI：**Key Performance Indicatorの略で、重要業績評価指標と訳される。会社の最終目標を達成するための過程を定点観測するための指標。部門や従業員ごとに設定。

予算策定の流れ

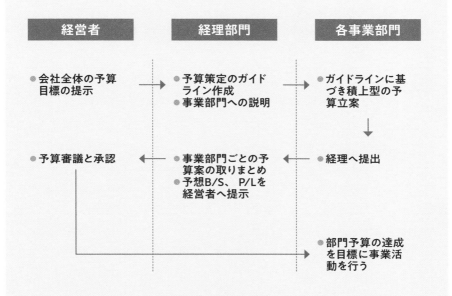

経営者	経理部門	各事業部門
● 会社全体の予算目標の提示	● 予算策定のガイドライン作成 ● 事業部門への説明	● ガイドラインに基づき積上型の予算立案
● 予算審議と承認	● 事業部門ごとの予算案の取りまとめ ● 予想B/S、P/Lを経営者へ提示	● 経理へ提出
		● 部門予算の達成を目標に事業活動を行う

経理部門は、予算策定業務において経営者と各事業部門との間に立ち、両者の橋渡しをする役割を担っています。事業部門側の担当者の中には、会計知識が不足している担当者や、経営数値への理解が追いついていない担当者もいるため、専門用語を駆使して一方的に依頼するのではなく、担当者のレベルに合わせた対応を経理は行うべきでしょう。

Advice

企画管理業務の正解とは

　経理業務には「会計業務」「出納業務」「企画管理業務」の3つの分野があり、予算策定は企画管理業務に含まれます。会計業務や出納業務は会計基準や法令に基づく正解がありますが、企画管理業務の場合は「売上高日本一を目指す」「従業員の幸せが一番」など会社の目標に応じて目指すべき正解も変わります。

第7章 これからの経理業務とスキルアップ

月次で行う予実管理業務と
社内コミュニケーション

POINT

➡ 予算と実績を比較することで会社の課題が明らかになる
➡ 予実管理は社内コミュニケーションが重要な業務

◢ 予算は策定したあとが大事

　会社としての目標を数値化した予算を策定したあとは、**事業活動の結果である実績数値との比較を行うことが重要です。この業務を予実管理業務といいます。**

　予実管理の目的は、予算の達成度合いを把握し、未達の場合には原因を究明して対策を行うことにあります。したがって、予実管理は毎月行うことが理想的です。具体的には、月次決算作業を行ってその月の試算表が完成したら、その数値を予実管理書類へ反映させ、月次の予算数値と実績数値の比較を行います。比較を行う際は金額ベースでの比較と、率ベースでの比較の両方を行います。**予算数値との乖離が大きい項目については、原因の分析と対策を考え、翌月以降の事業活動へ反映させていきます。**会社によっては「どの程度予算数値と実績数値が乖離したら原因分析を行うか」という基準を設けておき、その基準に抵触した項目については、関係部門へヒアリングをするなどの対応を行う、といったルールを設けている場合もあります。また、予実管理のもうひとつの目的としては、予算の達成度合いを賞与の査定や人事評価へ反映させるという点があります。

　予実管理業務は、実際に予算策定を行い、月次決算で実績数値も把握している経理部門が行う場合が多いでしょう。予算が達成されている場合は比較的平和な業務ですが、予算が未達の場合、その事実を伝えたうえで関係部門の責任者に聞き取りを行ったり、経営者へ正しく状況の報告を行ったりする必要があり、社内各所とのコミュニケーションが非常に重要になる業務だといえるでしょう。

キーワード　**PDCA：**Plan（計画）Do（実行）Check（評価）Action（改善）の略。予実管理でもPDCAのサイクルを繰り返すことで精度の高い予算策定や目標達成につながる。

予実管理の例

策定した年間予算を各月に割り振った金額が入る

月次決算で求めた実績数値が入る

前年同月の実績数値が入る

科目	予算と実績の比較				前年同月と実績の比較		
	○月予算	○月実績	予算差額	予算比率	前年同月実績	前年実績差額	前年実績比率
売上高	50,000	40,500	−9,500	81%	49,500	−9,000	82%
売上原価	35,000	29,160	−5,840	83%	34,650	−5,490	84%
売上総利益	15,000	11,340	−3,660	76%	14,850	−3,510	76%
販売費及び一般管理費	13,930	14,439	509	104%	12,880	1,559	112%
営業利益	1,070	−3,099	−4,169	−290%	1,970	−5,069	−157%
営業外収益	30	30	0	100%	30	0	100%
営業外費用	50	50	0	100%	52	−2	96%
経常利益	1,050	−3,119	−4,169	−297%	1,948	−5,067	−160%

販売費及び一般管理費の内訳

科目	○月予算	○月実績	予算差額	予算比率	前年同月実績	前年実績差額	前年実績比率
役員報酬	2,000	2,000	0	100%	1,800	200	111%
給料手当	5,000	5,025	25	101%	4,500	525	112%
法定福利費	1,050	1,053	3	100%	945	108	111%
福利厚生費	100	50	−50	50%	90	−40	56%
外注費	500	700	200	140%	450	250	156%
荷造運賃	1,500	1,750	250	117%	1,200	550	146%
広告宣伝費	500	480	−20	96%	505	−25	95%
交際費	500	550	50	110%	600	−50	92%
会議費	100	111	11	111%	90	21	123%
通信費	100	101	1	101%	120	−19	84%
消耗品費	100	150	50	150%	98	52	153%
水道光熱費	100	110	10	110%	102%	8	108%
新聞図書費	50	30	−20	60%	51	−21	59%
支払手数料	30	29	−1	97%	29	0	100%
地代家賃	2,000	2,000	0	100%	1,950	50	103%
減価償却費	300	300	0	100%	350	−50	86%
販売費及び一般管理費合計	13,930	14,439	509	104%	12,880	1,559	112%

上記事例の場合、売上高、売上原価、売上総利益が予算比および前年同月比で大幅なマイナスとなっているため、原因の分析と対策が必要な状況といえます。例えば売上の予実分析を行う際には、商品別の販売数量差異分析、販売価格差異分析を行ったり、複数の事業部門がある場合は部門別の予実分析を行ったりすることで、予算未達の原因を特定していきます。

上場会社と中小企業の会計ルール

POINT

➡中小企業は会社法会計に従う必要がある
➡中小企業の実態に合わせた会計基準が用意されている

◤ 会社が従う制度会計と会計基準

　日本の株式会社に関する制度会計は大きく分けて「会社法会計」と「金融商品取引法会計」に分類されます。このうち「会社法会計」はすべての会社に適用されます。一方「金融商品取引法会計」は上場会社などに適用される会計です。したがって、**上場会社の会計業務は「会社法会計」と「金融商品取引法会計」の両方に気を配りながら行っています。**

　「会社法会計」も「金融商品取引法会計」も具体的な会計処理については「一般に公正妥当と認められる公正なる会計慣行」に従うことになっています。ここでいう「公正なる会計慣行」とは、1949年に大蔵省企業会計審議会が定めた企業会計原則を中心として、以後、時代の変化に合わせて同審議会や企業会計基準委員会が追加してきた会計基準を指します。法定監査を受ける上場会社は監査証明を得るためにこれらの会計基準に従って決算書を作成する必要があります。

　一方、非上場の中小企業の場合も「会社法会計」に従って処理を行う必要があるため、本来は上場会社と同様の会計基準で決算書を作成すべきです。しかし、**リソースの限られた中小企業において、上場企業とまったく同じ会計基準で会計処理を行うことは、コスト的にも能力的にも非現実的です。**そこで、そのような**中小企業が準拠する会計基準として、2005年に「中小企業の会計に関する指針」が、2012年には「中小企業の会計に関する基本要領」が公表されました。**現在はこれらに従った会計処理も認められています。

豆知識　中小企業の経理実務においては、会計基準に基づく処理の代わりに法人税法で定める処理を適用する場合も多くみられる。

制度会計と会計基準

会社法会計 ＝
すべての会社に適用される会計

金融商品取引法会計＝上場会社や
その関係会社などに適用される会計

公正なる会計慣行の例	企業会計原則	原価計算基準	ストック・オプション等に関する会計基準	外貨建取引等会計処理基準
	固定資産の減損に係る会計基準	自己株式及び準備金の額の減少等に関する会計基準	1株当たり当期純利益に関する会計基準	貸借対照表の純資産の部の表示に関する会計基準
	株主資本等変動計算書に関する会計基準	棚卸資産の評価に関する会計基準	金融商品に関する会計基準	リース取引に関する会計基準
	研究開発費等に係る会計基準	退職給付に関する会計基準	税効果会計に係る会計基準	収益認識に関する会計基準
	資産除去債務に関する会計基準	企業結合に関する会計基準	法人税、住民税及び事業税等に関する会計基準	（この他にも複数の会計基準が存在する）

中小企業の会計ルール

名称	中小企業の会計に関する指針	中小企業の会計に関する基本要領
公表年	2005年	2012年
最終改定年	2023年	―
目的	中小企業が、計算書類の作成に当たり、拠ることが望ましい会計処理や注記等を示す	「中小企業の会計に関する指針」と比べて簡便な会計処理をすることが適当と考えられる中小企業を対象に、その実態に即した会計処理をまとめる
利用が想定される会社	以下を除く株式会社とする ①金融商品取引法の適用を受ける会社並びにその子会社及び関連会社 ②会計監査人を設置する会社及びその子会社	以下を除く株式会社が想定される ①金融商品取引法の規制の適用対象会社 ②会社法上の会計監査人設置会社

※具体的な規定は下記リンク先などで確認できます。
日本税理士会連合会
https://www.nichizeiren.or.jp/taxaccount/sme_support/guide/#point

会計情報の利用者が限られる中小企業の実情を考慮した会計ルールが定められています。

従業員の横領と税務上の取り扱い

　会社のお金の取り扱いはルールを決めて慎重に行う必要があります。例えば、支払いについては根拠となる書類（支払い先からの請求書、支払いの根拠となる契約書、従業員が立て替えた際の領収書など）を必ず提出してもらい、送金手続きも複数の社員でチェックしてから実行することが鉄則です。

　事業活動で取り扱うお金の量は家計の何倍にもなるため、普段見たことのないような額のお金を目の前にして、「少しくらいなら」という気持ちで手を付けてしまう従業員（あるいは役員）が現れることがあります。会社のお金を個人の懐に入れる行為は、業務上横領罪として刑法253条にて「10年以下の懲役に処する」と規定されています。

　横領の手口はさまざまです。取引先と共謀し、偽造した請求書を根拠に取引先の口座へ送金させたあとで共謀者と山分けする手口や、経理担当者が自分の口座へ送金し、嘘の仕訳を記録する手口などがあります。こうした横領事案について、税務調査や法定監査といった第三者の目が入ったときに発覚することもあります。

■ 従業員の横領があった場合の税務上の取り扱い

　「2年前に外注費として支払っていたが実は偽装した請求書に基づく従業員の横領だった」ということが税務調査で判明した場合を考えてみます。この場合、2年前の税務申告について修正申告を行うことになります。

　まず外注費を否認して横領損失を損金算入します。外注費から横領損失に変わるだけなので所得は増えず法人税額に影響はありませんが、外注費を消費税の課税取引で処理していた場合は、不課税取引である横領損失に変わるため消費税額が増加します。次に横領した従業員に対する損害賠償請求権（債権）を借方に計上し、同額を貸方へ収益（益金）計上します。この益金計上により所得および法人税額が増加します。このとき借方に計上する損害賠償請求権は横領した従業員に対する債権であり、従業員から返済を受けると消滅します。従業員が無資力で返済できない場合は、所定の手続きを経て法人税基本通達9－6－1（4）や同通達9－6－2に基づく貸倒損失の計上を検討します。

主な減価償却資産の耐用年数表

建物附属設備

構造・用途	細　目	耐用年数(年)
電気設備（照明設備を含む）	蓄電池電源設備	6
	その他のもの	15
給排水または衛生設備及びガス設備		15
冷房、暖房、通風またはボイラー設備	冷暖房設備 （冷凍機の出力が22kW以下のもの）	13
	その他のもの	15
店用簡易装備		3
可動間仕切り	簡易なもの	3
	その他のもの	15

構築物

構造・用途	細　目	耐用年数(年)
広告用のもの	金属造のもの	20
	その他のもの	10
緑化施設及び庭園	工場緑化施設	7
	その他の緑化施設及び庭園	20
舗装道路及び舗装路面	コンクリート敷、ブロック敷、れんが敷または石敷のもの	15
	アスファルト敷または木れんが敷のもの	10

車両・運搬具

構造・用途	細　目	耐用年数(年)
一般用のもの	自動車（2輪・3輪自動車を除く）	
	小型車（総排気量が0.66リットル以下のもの）	4
	貨物自動車	
	ダンプ式のもの	4
	その他のもの	5
	報道通信用のもの	5
	その他のもの	6
	自転車	2

器具・備品

構造・用途	細　目	耐用年数(年)
家具、電気機器、ガス機器、家庭用品	事務机、事務いす、キャビネット	
	主として金属製のもの	15
	その他のもの	8
	応接セット	
	接客業用のもの	5
	その他のもの	8
	陳列だな、陳列ケース	
	冷凍機付・冷蔵機付のもの	6
	その他のもの	8
	その他の家具　接客業用のもの	5
	ラジオ、テレビジョン、テープレコーダーその他の音響機器	5
	冷房用または暖房用機器	6
	電気冷蔵庫、電気洗濯機その他これらに類する電気またはガス機器	6
	室内装飾品	
	主として金属製のもの	15
	その他のもの	8
	食事・ちゅう房用品	
	陶磁器製・ガラス製のもの	2
	その他のもの	5
事務機器及び通信機器	電子計算機	
	パーソナルコンピュータ（サーバー用のものを除く）	4
	その他のもの	5
	複写機、計算機（電子計算機を除く）、金銭登録機、タイムレコーダーその他これらに類するもの	5
	その他の事務機器	5
	テレタイプライター及びファクシミリ	5
	インターホーン及び放送用設備	6
	電話設備その他の通信機器	
	デジタル構内交換設備及びデジタルボタン電話設備	6
	その他のもの	10

看板及び広告器具	看板、ネオンサイン、気球	3
	マネキン人形、模型	2
容器、金庫	ドラムかん、コンテナーその他の容器	
	大型コンテナー（長さが6m以上のものに限る）	7
	その他のもの	
	金属製のもの	3
	その他のもの	2
	金庫	
	手さげ金庫	5
	その他のもの	20
理容・美容機器		5

機械・装置

設備の種類	細目	耐用年数（年）
食料品製造業用設備		10
飲料、たばこまたは飼料製造業用設備		10
繊維工業用設備	炭素繊維製造設備	
	黒鉛化炉	3
	その他の設備	7
	その他の設備	7
木材または木製品（家具を除く）製造業用設備		8
家具または装備品製造業用設備		11
パルプ、紙または紙加工品製造業用設備		12
印刷業または印刷関連業用設備	デジタル印刷システム設備	4
	製本業用設備	7
	新聞業用設備	7
	モノタイプ、写真または通信設備	3
	その他の設備	10
	その他の設備	10
通信業用設備		9
放送業用設備		6
飲食料品小売業用設備		9
洗濯業、理容業、美容業または浴場業用設備		13
その他の生活関連サービス業用設備		6
自動車整備業用設備		15

索引

■ 著者紹介

松田 篤史（まつだ　あつし）

税理士／認定経営革新等支援機関／松田篤史税理士事務所代表

1976年山口県生まれ。東京学芸大学教育学部卒業。就職氷河期に社会人となり、少しでも就職に有利になることを期待して簿記の勉強を始め、その過程で簿記や会計、税務の面白さに目覚める。大原簿記学校税理士科の講師職を勤めたのち、税理士法人や上場企業経理子会社での勤務を経て税理士として独立。小さな会社や個人事業主向けの税理士事務所である松田篤史税理士事務所（https://mzdtax.jp/）を経営する傍ら、経理職を目指す社会人向け講座の非常勤講師も勤めている。著書に『1時間でわかる　経理1年生のおしごと』（技術評論社）がある。

- ●**編集**：有限会社ヴュー企画
- ●**デザイン・DTP**：大悟法淳一、武田理沙（ごぼうデザイン事務所）、黒木亜沙美
- ●**イラスト**：村山宇希
- ●**企画・編集**：成美堂出版編集部

本書に関する正誤等の最新情報は、下記のURLをご覧ください。
https://www.seibidoshuppan.co.jp/support/

上記アドレスに掲載されていない箇所で、正誤についてお気づきの場合は、書名・発行日・質問事項・氏名・住所・FAX番号を明記の上、**成美堂出版**まで**郵送**または**FAX**でお問い合わせください。
※**電話でのお問い合わせはお受けできません。**
※本書の正誤に関するご質問以外にはお答えできません。また、税務相談などは行っておりません。
※ご質問の到着確認後10日前後に、回答を普通郵便またはFAXで発送致します。

ぜんぶわかる経理実務

2024年5月20日発行

著　者	松田篤史
発行者	深見公子
発行所	成美堂出版

〒162-8445　東京都新宿区新小川町1-7
電話(03)5206-8151　FAX(03)5206-8159

印　刷　株式会社フクイン

©SEIBIDO SHUPPAN 2024　PRINTED IN JAPAN
ISBN978-4-415-33394-6